Ich habe euch überlebt

Judith Jeschke

D1717725

Bibliografische Information der Deutschen Bibliothek
Die Deutsche Bibliothek verzeichnet diese Publikation in der Deutschen
Nationalbibliografie; detaillierte bibliografische Daten sind im Internet
über http://dnb.dnb.de abrufbar.

© 2024 Judith Jeschke

Umschlag: Marina Rudolph
Lektorat, Korrektorat: Renate Jung
Buchsatz & Layout: Verena Blumenfeld
Publishing: Sanvema Publishing UG (haftungsbeschränkt)

Druck und Distribution im Auftrag des Autors/der Autorin:
tredition GmbH, Halenreie 40-44, 22359 Hamburg, Deutschland

Judith Jeschke

Ich habe euch überlebt

- Kapitel 1 -

Mach das Licht aus, Judith, sonst kommt der Nachtkrapp und holt dich!«, sagte meine Mutter, bevor sie sich umdrehte und die Wohnungstür hinter sich ins Schloss fallen ließ. Ich war gerade einmal vier Jahre alt. Wahrscheinlich könnt Ihr euch vorstellen, welche Angst mir dieser eine Satz einjagte. Sie ließ mich einfach allein zurück in der Wohnung, und ich war nicht fähig, irgendetwas dagegen zu tun. Ich fing an zu weinen, ich wusste nicht, wohin mit mir und meinen Gefühlen. Es fühlte sich an, als würde jemand mein Herz zerdrücken, ich wollte einfach nicht allein sein. Überall sah ich dunkle Gestalten umherhuschen, plötzlich knarrten die Dielen im Wohnzimmer und die Badezimmertür quietschte. Alles hörte und fühlte sich anders an als sonst, anders, als wenn meine Mutter da war. Ich war ein kleines, hilfloses Mädchen, eigentlich angewiesen auf den Schutz ihrer Eltern. Doch Schutz und Geborgenheit, Verständnis und Liebe waren in meiner Kindheit nicht an der Tagesordnung.

Zu dieser Zeit wohnte ich mit meiner Mutter zusammen in Teningen, einer kleinen Gemeinde in Baden-Württemberg.

Geboren wurde ich am 25.12.1967 in der schönen Stadt Emmendingen, ein paar Kilometer von Teningen, unserem Wohnort entfernt. Mein Mädchenname ist Gallep. Meine Mutter war gelernte Drogistin, mein Vater verdiente sein Geld als Bauarbeiter. An das Zusammenleben mit ihm kann ich mich nicht erinnern, denn als ich ein Jahr alt war, ließen sich meine Eltern scheiden, und seitdem wohnte ich mit meiner Mutter zusammen. Mein Vater zog wieder zu seiner Mutter, meiner Lieblingsoma, die gleich gegenüber wohnte.

Meine Mutter und ich hatten eine Zwei-Zimmer-Wohnung in einem großen dreistöckigen Wohnblock in der Feldbergstraße. Wir wohnten im obersten Stockwerk und mussten jedes Mal die vielen Treppen hochlaufen, denn einen Aufzug gab es dort nicht. Eine alte Tür aus undurchsichtigem Glas führte vom Treppenhaus in den eigentlichen Flur, der lang und dunkel war und in dem es immer muffig roch wie in einem alten, modrigen Keller. Einige Lampen im Flur funktionierten nicht, und es kümmerte sich auch keiner darum, sie zu reparieren, also flackerten sie einfach vor sich hin. Ganz am Ende des langen Flurs war unsere Wohnung. Ich kann mich noch gut erinnern, wie alles ausgesehen hat, obwohl ich noch so klein war.

Wir hatten eine kleine, runde Klingel, die man drehen musste. Die Wohnungstür führte in den Hausflur, und auf der linken Seite lag unser kleines Badezimmer, gegenüber die Küche. Um ins Wohnzimmer zu gelangen, mussten wir geradeaus durch den Flur gehen, und von dort aus ging es rechts gleich ins Schlafzimmer meiner Mutter. Ich hatte kein eigenes Zimmer. Mein Bett stand in der Küche an der Wand gegenüber der kleinen Küchenzeile unter einigen Regalen, in denen alle möglichen Sachen verstaut waren. Woanders war dafür einfach kein Platz, weil sowieso schon alles so beengt und klein war, aber eine größere Wohnung konnte sich meine Mutter schlichtweg nicht leisten.

Damit wir überhaupt über die Runden kamen, arbeitete sie jeden Abend in der Kneipe ein paar Straßen weiter. Sie hatte wohl keine andere Wahl, als mich allein zurückzulassen, denn meine Oma hatte nicht jeden Tag Zeit, auf mich aufzupassen. Also saß ich dort in meinem Bettchen, ganz allein in unserer Wohnung im 3. Stock, und hatte solch fürchterliche Angst vor dem Nachtkrapp. Meistens traute ich mich nicht einmal aus meinem Bett heraus.

Die Fenster der Küche gingen nach Süden. Den ganzen Tag schien die Sonne in die Fenster herein, denn Rollos gab es nicht. Dementsprechend war die Küche abends so aufgeheizt, dass es kaum auszuhalten war. Doch sobald meine Mutter die Wohnungstür von außen geschlossen hatte, bekam ich schreckliche Angst, zog mir die Decke über den Kopf und traute mich nicht mehr herauszukommen, obwohl ich so sehr schwitzte, dass mein ganzes Bett nass wurde. Ich sagte mir immer wieder: »Ich muss nur unter der Decke bleiben, dann wird er mich nicht finden.«

Die Worte meiner Mutter zeigten ihre gewünschte Wirkung, denn natürlich weiß ein vierjähriges Kind nicht, dass es gar keinen Nachtkrapp gibt.

In meiner Vorstellung war er Wirklichkeit. Eine dunkle Gestalt, ein riesengroßer rabenähnlicher Vogel, der alle Kinder mit sich nahm, die nicht bei Einbruch der Dunkelheit zu Hause waren. Er packte diese Kinder und flog mit ihnen so weit fort, dass sie nie wieder den Weg zurück nach Hause fanden.

Mit diesen Gedanken in meinem kleinen Köpfchen blieb ich weiter unter der Decke und harrte weiter in dieser stickigen Luft aus, bis ich irgendwann einschlief, trotz der Angst, die mein Herz so schnell schlagen ließ, dass ich es hören und spüren konnte.

Mitten in der Nacht schrie ich so sehr, dass ich aufwachte. Ich hatte keine Orientierung und spürte nur kalte Wände unter meinen kleinen Händen, egal, in welche Richtung ich sie ausstreckte. Und so war ich Nacht um Nacht allein mit mir und meinen Ängsten, und niemand war da, um mir zu helfen. Also war ich auf mich allein gestellt und musste selbst mit meinen Ängsten und Gefühlen fertig werden, die ich als vierjähriges Mädchen hatte.

Meistens jedenfalls, denn ich war auch oft bei meiner Lieblingsoma, Oma Lisbeth. Sie wohnte ja nicht weit weg, und ich konnte einfach zu ihr rübergehen, wenn sie zu Hause war. Sie arbeitete in einem Supermarkt und hatte deshalb auch nicht immer Zeit, um auf mich aufzupassen. Meine Oma wohnte in dem Haus gegenüber mit ihrem neuen Mann, Opa Rehbein,

den sie kennengelernt hatte, nachdem mein richtiger Opa im Krieg gefallen war. Ich fand es lustig, wie Opa Rehbein, wenn es Suppe zum Abendbrot gab, seine Mundwinkel von rechts nach links mit dem Suppenlöffel abwischte, und konnte mir ein Kichern nicht verkneifen.

Da wurde er sehr wütend und schrie mich an: »Du kleine Göre, was erlaubst du dir eigentlich? Du hast Ruhe zu geben, während wir essen!«

Ich saß am Küchentisch direkt neben ihm an der linken Ecke, und schon hatte ich mir eine Ohrfeige gefangen.

Oma stand auf und ermahnte ihn mit erhobener Stimme: »Du kannst doch Judith keine Ohrfeige geben.

Sie ist noch ein kleines Mädchen und hat nichts Böses getan!«

Da sprang er auf und drohte ihr: »'Trau dich noch einmal, dich einzumischen!«

Gleich danach schubste er sie so fest, dass sie durch die Wucht nach hinten umfiel. Da lag sie nun, in der Küche vor dem Waschtisch, und wir waren beide so erschrocken, dass wir gar nichts sagen konnten. Ich war sehr traurig und fühlte mich schuldig. Ich fing an zu weinen, denn das war meine allerliebste Oma, und nur, weil ich gelacht hatte, war Opa Rehbein sauer geworden und hatte sie umgeschubst, weil sie mich beschützen wollte.

Er war Bauarbeiter, und wie die meisten anderen Männer, die ich kannte, trank er auch gerne. Meistens Bier und Schnaps. Deswegen schlug er uns, meine Oma und mich, auch oft wegen irgendwelcher belangloser Kleinigkeiten.

Trotzdem war ich, sooft es nur ging, bei meiner Oma, denn meine Mutter hatte ja kaum Zeit. Sie arbeitete schon lange nicht mehr als Drogistin, denn die Jobs in den Kneipen waren damals für sie einfacher zu bekommen. Mein Vater war nach der Scheidung wieder zu seiner Mutter gezogen. Dort hatte er sein eigenes Zimmer, in dem er sich regelmäßig verkroch, wenn jemand zu Besuch war. Auch bei Familienfesten wollte er nie dabei sein. Er war ein ausgesprochener Eigenbrötler, trank viel und verkroch sich dann meistens in sein Zimmer, oder es zog ihn in die Natur.

Mit ihm hatte ich nie viel Kontakt, obwohl er bei meiner Oma wohnte und ich oft dort war. Er behandelte mich auch nicht wie ein richtiger Vater, und so konnten wir nie eine richtige Bindung aufbauen.

Eines Abends kam meine Mutter wieder einmal mit einem neuen Mann nach Hause. Wie die meisten anderen Männer in ihrem Leben hatte sie auch diesen Mann in der Kneipe, in der sie arbeitete, kennengelernt. Eigentlich hieß er Siegfried, aber alle nannten ihn nur Sigi. Er kam aus Bayern und hatte dunkles Haar und einen Vollbart. Allerdings sah er für mich aus wie der alte »Räuber Hotzenplotz«, groß, ungepflegt und furchteinflößend. Er wohnte zwar nicht bei uns, aber war oft hier und benahm sich auch, als sei es seine eigene Wohnung. Ich mochte ihn von Anfang an nicht, er war kein netter Mann. Er hatte einen Haustürschlüssel und kam und ging, wie er gerade wollte. Meistens saß er mit einer Zigarette im rechten Mundwinkel vor dem Fernseher. Der Aschenbecher auf dem Wohnzimmertisch aus alten Fliesen und Holz quoll schon fast über. Er scheuchte meine Mutter immerzu herum: »Gudrun! Mein Bier ist schon wieder leer! Wo bleibst du denn? Sieh zu, dass du mir ein neues bringst!«

Meine Mutter stand gerade in der Küche und machte für uns das Abendessen, was er genau wusste, es war ihm aber egal. Sie schrie quer durch die Wohnung zurück: »Hol dir selbst dein Bier, ich koche gerade, was soll ich denn noch alles tun?«

»Hast du nicht verstanden, Weib? Du sollst mir gefälligst mein Bier bringen!«

Dieses Mal gab meine Mutter nach und holte ihm eine neue kalte Flasche Export-Bier. Das war sein Lieblingsbier. Er wählte immer das billigste und das mit dem höchsten Alkoholgehalt. So brauchte er weniger, um seinen täglichen Bedarf an Alkohol zu decken und musste nicht so viel Geld dafür ausgeben, denn das war sowieso ständig knapp. Hochprozentigen Alkohol wie Schnaps mochte er vermutlich nicht sehr gerne. Er war der typische Bier-Trinker.

Jeden Abend, wenn ich ins Bett musste, gab er mir einen Kuss. Er stank dann fürchterlich nach Alkohol und ekelhaftem kaltem Rauch. Ich mochte es nie, ihm einen Kuss zu geben, aber ich tat es einfach, damit alle zufrieden waren.

Eines Abends war etwas anders als sonst. Er war gerade allein im Wohnzimmer und saß auf seinem Sessel vor dem Fernseher. Ich ging wie jedes Mal zu ihm, um mir den Gute-Nacht-Kuss abzuholen, und plötzlich spürte ich, wie er seine feuchte Zunge durch seine Lippen hindurch in meinen Mund presste. Mit so etwas konnte ich natürlich nichts anfangen. Ich fand es nur ziemlich abstoßend und lief danach sofort ins Badezimmer, um mir den Mund, an dem überall sein stinkender Speichel klebte, abzuwaschen. Ich verstand damals nicht, was das zu bedeuten hatte, und sprach ihn oder meine Mutter auch nie darauf an.

Eines Abends war Sigi wieder auf seiner Kneipentour durch das Dorf. Da mein Bett in der Küche stand und die Tür regelmäßig offenstand, bekam ich vieles mit, was in der Wohnung passierte. Als er nach Hause kam, schlief ich schon lange. Doch gerade, weil ich meistens keinen tiefen, erholsamen Schlaf hatte, was auch nicht verwunderlich war, dauerte es nicht lange, bis ich aufwachte. Dieses Mal wurde ich von einem Plätschern geweckt, das aus dem Flur kam. Es hörte sich irgendwie merkwürdig an. Ich war neugierig und drehte vorsichtig meinen Kopf zur Seite, damit ich in den Flur sehen konnte. Ich traute meinen Augen kaum. Da stand Sigi an den Türrahmen gegenüber angelehnt und pinkelte auf den Boden. Dabei redete er wirres Zeug: »Ich hab dir doch gesagt, ich komm heut früher nach Hause, Gudrun. Wie sieht's denn hier wieder aus?«, und machte sich über meine Mutter lustig, die kommentarlos seinen Urin vom Boden aufwischte. Natürlich war er früher zu Hause als sonst, obwohl es mitten in der Nacht war. Seinem Zustand nach hatte er auch zwei Tage durchgesoffen haben können.

Meine Mutter ließ diese und andere Erniedrigungen meistens über sich ergehen, um Ärger aus dem Weg zu gehen, den es regelmäßig gab, wenn es jemand wagte, ihm Paroli zu bieten.

Am nächsten Tag war alles, als wäre nichts gewesen, bis er sich wieder betrank, was oft jeden Tag der Fall war. Dann reichte schon eine Lappalie, und er war wieder wie von Sinnen. Deshalb ließ sich meine Mutter immer mehr einschüchtern und traute sich immer seltener, etwas zu sagen, aus Angst, er könnte wieder die Kontrolle verlieren, worunter vor allem sie zu leiden gehabt hätte.

Ich meine, mich vage zu erinnern, dass er mir auch schon einmal den Hintern versohlte. Mit Sicherheit kann ich es nicht sagen, ich weiß nur, dass ich Angst vor ihm hatte.

An einem Wochenende wachte ich schon früh auf. Meine Mutter schlief natürlich noch, weil sie ja bis in die frühen Morgenstunden in der Kneipe gearbeitet hatte. Sie kam meist erst sehr spät nach Hause, weil sie warten musste, bis auch der letzte Gast nach Hause ging, und das konnte sich bei alkoholisierten Personen sehr in die Länge ziehen. Danach musste sie noch alles allein putzen und wieder vorbereiten für den nächsten Tag.

Ich war also auch am Morgen meistens auf mich allein gestellt und dabei nicht immer brav und anständig.

An diesem Morgen wachte ich früh auf und wollte nicht mehr weiterschlafen, stieg also aus meinem Bett und schaute mich ein wenig in der Küche um. Ich überlegte: »Was könnte ich jetzt nur machen, Mama schläft noch, und mir ist so langweilig.« Ich ließ meine neugierigen Augen überall herumschweifen. Angefangen vorne bei der Küchentür, links das Sofa entlang bis zu meinem Bett. Danach war die Ablage rechts an der Wand entlang an der Reihe, doch es lagen nur viele uninteressante Sachen herum: Kleidung, alte Lappen und Brot, also nichts, womit ich etwas hätte anfangen können.

Da sprang mir die Packung mit den Streichhölzern ins Auge. Sie lagen oben, mitten auf der Ablage der Küche. Ich stellte mich auf die Zehenspitzen und streckte mich, soweit ich konnte, aber ich kam nicht heran, ich war einfach zu klein. Ich überlegte, was ich nur tun könnte. Ich wollte unbedingt diese Streichhölzer haben. Da sah ich die Stühle, auf denen wir immer saßen, wenn wir alle gemeinsam aßen, schob einen, so nah es ging, an die Küchenzeile heran und stieg hinauf. Von dort aus hatte ich alles im Blick und konnte die Packung Streichhölzer einfach nehmen. Ich griff nach der Packung und freute mich, dass ich es geschafft hatte, stieg den Stuhl wieder herab, setzte mich damit auf mein Bett und untersuchte den Inhalt. Ich hatte schon oft bei meiner Mutter gesehen, wie sie damit eine Kerze oder eine Zigarette anzündete. Das wollte ich auch gerne schaffen.

Ich versuchte immer wieder, eines anzuzünden, doch die ersten paar Streichhölzer zündeten nicht, und ich ärgerte mich schon tierisch. Endlich, nach einigen weiteren Fehlversuchen, schaffte ich es, eines anzuzünden, und hatte meinen Spaß daran, sie immer wieder auszupusten. Als die Packung schon fast leer war, brannte mir ein Streichholz so weit nach hinten ab, dass es fast meine Finger erwischt hätte. Daumen und Zeigefinger wurden so heiß, dass ich den Schmerz nicht mehr aushalten konnte, und reflexartig konnte ich nicht anders, als es auf den Boden zu werfen, was in dieser Küche eine denkbar schlechte Idee war, denn es war ein PVC-Boden, der sofort anfing zu brennen. Erst war es nur ein kleiner brennender Fleck um das Streichholz herum, doch ich wusste ja nicht, wie ich es hätte löschen sollen.

Ich dachte: »Oh nein, was soll ich jetzt nur tun?«, und hielt es vorläufig für die beste Idee, mich unter der Bettdecke zu verstecken und blieb dort wie angewurzelt sitzen. Irgendwann bekam ich es mit der Angst zu tun, zumal sich das Feuer weiter ausbreitete und es fürchterlich nach Plastik stank. Die Küche war schon voller Rauch, da bekam ich Panik und rannte schnell rüber ins Badezimmer und schloss mich dort ein, in der Hoffnung, das Feuer würde nicht durch die Tür kommen. Leise rief ich: »Mama, Mama!«, aber so leise, dass sie mich sicher nicht hörte. Auf der einen Seite hoffte ich, dass sie mich nicht hörte, weil sie bestimmt sauer auf mich sein würde. Auf der anderen Seite gab es keine andere Möglichkeit, das Feuer zu bekämpfen. Also schrie ich lauter als zuvor: »Mamaaa! Mamaaa!« Ich bekam es immer mehr mit der Angst zu tun und dachte: »Wenn Mama jetzt nicht kommt, verbrennen wir alle«, und hätte nichts dagegen machen können.

Nach einigen Sekunden, die mir wie Stunden vorkamen, hörte ich, wie endlich die knarrende Schlafzimmertür aufging und meine Mutter zu mir an die Badzimmertür kam. Sie klopfte laut und rief aufgewühlt: »Judith, komm schnell!«, und ich schloss sofort die Tür auf. Ich war so froh, dass sie da war.

In den rosaroten Wäscheeimer, der hinter der Tür stand, ließ sie Wasser aus dem Hahn der Badewanne laufen und rannte damit in die Küche. Dort hatte das Feuer schon auf das Sofa übergegriffen, meine Strumpfhosen, die auf der Ecke des Sofas lagen, hatten Feuer gefangen, der Rauch quoll schon aus der Küche heraus und durchströmte den Flur. Sie schüttete den Eimer Wasser darüber und lief gleich wieder ins Badezimmer zurück, um noch einen Eimer Wasser zu holen, denn einer war nicht genug. So konnte sie die brodelnden Flammen am Ende doch noch selbst löschen.

»Judith, was hast du da gemacht?«, wollte meine entsetzte Mutter wissen.

»Mir war so langweilig, Mama, und du hast noch geschlafen. Da habe ich die Streichhölzer angemacht und wieder ausgepustet. Aber das hat auf einmal nicht mehr funktioniert.«

Das Sofa war unbenutzbar, der halbe Küchenboden war verbrannt, und es stank bestialisch nach verschmortem Plastik.

Das war Glück im Unglück gewesen, und ich war froh, dass ich für diese Dummheit keinen Klaps von meiner Mutter bekam. Jetzt musste ich nur noch Sigis Reaktion überstehen. Ich musste warten, bis er nach Hause kam und dachte: »Bestimmt krieg ich wieder Schläge.« Ich hatte keine Möglichkeit, dem zu entgehen. Ich konnte ja nicht einfach weglaufen und nie wiederkommen, wenn ich auch manchmal daran dachte.

Den ganzen Tag verbrachte ich mit diesen Gedanken und wünschte mir einfach nur, es wäre schon vorbei. Es war Abend geworden, und irgendwann hörte ich, wie die Haustür aufgeschlossen wurde. Sigi kam herein. Das Chaos und der verbrannte Boden waren nicht zu übersehen, und obwohl wir den ganzen Tag alle Fenster geöffnet hatten, stank es immer noch.

Zuerst beobachtete ich Sigis Gesichtsausdruck genau und wartete nur darauf, bis er losbrüllte.

Er schaute erst nur sehr verdutzt, und meine Mutter erklärte ihm, was passiert war. Voller Angst versteckte ich mich wieder unter meiner Decke.

Er kam zu mir, und ich rechnete schon mit allem. Er sprach jedoch sehr ruhig und verständnisvoll mit mir: »Sieh mal, Judith, ich verstehe ja, dass dir langweilig war und dass es nicht einfach für dich ist, wenn deine Mutter so viel arbeitet. Aber mit Feuer darf man nicht spielen, schon gar nicht im Bett, es hätte noch viel Schlimmeres passieren können. Versprich mir, dass du das nie wieder machst.«

Ich schaute zu Boden und nickte: »Ich versprechs!« Vermutlich hatte er an diesem Tag zu meinem Glück noch nicht so viel getrunken.

Mir fiel ein riesiger Stein vom Herzen, als er sich von mir abwand. Bis ich einschlief, war ich mir jedoch nicht sicher, ob nicht noch etwas kam, wenn er sein Feierabendbier getrunken hatte, aber es passierte nichts.

Auch, wenn es dieses Mal gut für mich ausging, gab es Situationen, in denen Sigi die Beherrschung verlor. Einige Tage nach diesem Vorfall polterte es mitten in der Nacht so laut, dass ich aufschreckte. Ich stand aus meinem Bett auf und ging zur Küchentür. Von dort aus konnte ich durch den Flur ins Wohnzimmer sehen. Sigi hatte seinen Pegel mal wieder erreicht. Lallend und mit seinem bayerischem Dialekt, den er immer dann hatte, wenn er viel zu viel getrunken hatte, brüllte er meine Mutter an: »Wenn i dir sog i mog no a Bier, dann bringst mir gefälligst oans, hast mi verstanden, du bleds Weiberleid?«, und schmiss wutentbrannt die leere Flasche mit einer solchen Wucht auf den Boden, dass sie in tausend Teile zerbrach. Meine Mutter wollte sich nicht ständig so niedermachen lassen, und plötzlich platzte es aus ihr heraus: »Wenn du mich so behandelst, werde ich gar nichts mehr für dich tun. Hol dir dein Bier doch selbst, du dummes Arschloch!« Es kam selten vor, dass meine Mutter Sigi die Stirn bot, und wenn sie es tat, bereute sie es sofort, wie auch dieses Mal. Dass jemand sich traute, das Wort gegen ihn zu richten und ausgerechnet noch meine Mutter, eine Frau, das konnte er nicht ertragen. Sigi überkam die Wut, und er beschimpfte meine Mutter ohne Punkt und Komma. Er hatte so viel getrunken, dass er wohl schon fast im Delirium war, und schaukelte sich immer weiter hoch, bis er sich nicht mehr unter Kontrolle hatte. Sein Kopf war so rot, als würde ihm gleich Dampf aus den Ohren quellen. Meine Mutter drehte ihm den Rücken zu und wollte gerade aus der Tür herausgehen, als er ihr mit voller Wucht mit der flachen Hand gegen den Kopf schlug. Durch den unerwarteten Aufprall fiel sie sofort zur Seite um. Ich lief schnell zurück und versteckte mich in meinem Bett unter der Decke. Mein Herz schlug wie verrückt, und ich hatte solche Angst um meine Mutter. Ich hörte es nur noch poltern und klatschen. Ich hielt mir die Ohren zu, weil ich es kaum ertragen konnte zu hören, wie meine Mutter von diesem Mann geschlagen wurde. Nach Luft schnappend versuchte sie, einen Ton herauszubekommen: »Sigi, nein, hör auf! Bitte hör auf!« Plötzlich war es still.

Ich erschrak, als plötzlich meine Mutter vor mir in der Küche stand. Sigi, dieser ekelhafte Mann, hatte sie so verprügelt, dass er ihr die Zähne ausgeschlagen hatte. Alle vorderen Zähne waren weg, was da allerdings noch kaum zu sehen war, weil so viel Blut aus ihrem Mund floss. Es tropfte auf die weißen Fliesen, und ich blickte meiner Mutter ins Gesicht, das verzerrt war vor Angst, Wut und Schmerz, und in dem Moment wusste ich, sie würde sich rächen wollen für das, was er ihr heute angetan hatte. Zitternd öffnete sie die Küchenschublade und griff nach dem großen Brotmesser. Es war sehr lang, hatte viele kleine Zacken und einen braunen Griff. Ich wusste nicht, was gerade um mich herum geschah, und schrie nur noch: »Bitte! Bitte nicht, Mama!«

Sie stockte mit dem Messer in der Hand, als hätte ich sie gerade aus einem Traum aufgeweckt. Ihr Gesicht veränderte sich wieder, sie legte das Messer zurück in die Schublade und sagte mit bebender Stimme: »Ich bin gleich wieder da Judith, ich muss mir nur kurz das Gesicht waschen«, und ging geradewegs ins Badezimmer. Vermutlich war Sigi in der Zwischenzeit wutentbrannt in die nächste Kneipe gegangen, um sich noch weiter zu betrinken, jedenfalls war er plötzlich weg. Ich saß da in meinem Bett wie versteinert, konnte mich nicht bewegen und spürte nur die Angst um meine Mutter und um mich. Ich bebte am ganzen Körper, Tränen liefen mir über die Wangen und tropften auf mein weißes Nachthemd. Ich hatte schon viele heftige Streitereien zwischen den beiden miterlebt, aber das, was an diesem Abend passiert war, war so schrecklich, dass ich es kaum glauben konnte. Ich wusste nicht, wohin mit meinen Gefühlen, ob ich schreien oder weinen sollte oder einfach nichts dergleichen. Mein Körper kribbelte, ich war völlig überfordert mit der gesamten

Situation und war einfach nur froh, als es wieder vorbei war. Doch die Angst blieb.

Ich kann nicht mehr genau sagen, wie dieser Abend weiterging. Meine Mutter ging vermutlich wieder in ihr Bett, nachdem sie sich sauber gemacht hatte, und ich schlief auch irgendwann ein.

Bei uns wurde kaum über solche Vorfälle gesprochen, obwohl es oft gutgetan hätte, sich auszutauschen. Immerhin war ich ein Kind und hätte tröstende und aufbauende Worte meiner Mutter gut gebrauchen können.

Nach diesem Tag sah ich Sigi nie wieder. Ich denke, dieser schlimme Streit war ausschlaggebend für meine Mutter, um sich endlich von ihm zu trennen, oder vielleicht ging die Trennung auch von ihm aus. Ich habe es bis heute nicht erfahren.

Meine Mutter ließ sich regelmäßig auf die gleiche Sorte Mann ein. Natürlich hatte sie wegen ihres Arbeitsplatzes nicht viele Möglichkeiten, jemanden woanders kennenzulernen und hatte davon abgesehen auch keine Zeit, woanders hinzugehen.

Aus ihren Erzählungen erfuhr ich auch einiges, was noch vor meiner Geburt oder kurz danach passiert war, wenn auch nicht vieles.

Auch in ihrer eigenen Kindheit hatte sie wenig Liebe erfahren, konnte dem Teufelskreis nicht entfliehen und gab es, gewollt oder nicht, an ihre Kinder weiter. Der

Höhepunkt ihrer Jugend war ihre Schwangerschaft mit 17 Jahren. Meine Oma mütterlicherseits, Erika, erfuhr von ihrer Schwangerschaft und schickte sie zehn Tage vor ihrem 18. Geburtstag in ein Heim, denn sie wusste nicht, was sie sonst mit ihr hätte machen sollen. Damals war das alles noch möglich, man war ja erst mit 21 Jahren volljährig, und solange konnten die Eltern über einen entscheiden. Noch als sie im Heim war, brachte meine Mutter meine Schwester Petra zur Welt. Doch Erika wollte vermutlich nicht, dass das Kind genauso wird wie ihre Tochter und holte meine Schwester mit einem Jahr zu sich. Sie dachte, sie könnte so meiner Schwester ein besseres Leben bieten, denn mit 18 kann man sich schließlich nicht um ein Kind kümmern. Meine Mutter ließ sie im Heim zurück, wo sie bis zu ihrem 20. Lebensjahr bleiben musste, ob sie wollte, oder nicht.

Der Schmerz, den sie durchleiden musste, ist unvorstellbar. Ihr wurde ihr erstgeborenes Kind weggenommen, und sie konnte nichts dagegen tun, weil ihre Mutter über sie und auch ihr Kind bestimmen konnte, und das völlig legal. So wurde der Kontakt zwischen den beiden, verständlicherweise, über die Jahre weniger.

Meine Schwester wurde im März 1965 geboren und hatte einen anderen Vater, mit dem meine Mutter nicht verheiratet war. Knapp drei Jahre später, im Dezember 1967, wurde ich geboren. Zu der Zeit war meine Mutter mit meinem Vater Gerd verheiratet.

Meine Mutter erzählte mir, dass sie eines Abends unbedingt noch an die frische Luft wollte, vielleicht um einfach den Kopf frei zu bekommen, sich Gedanken über ihre Ehe zu machen, oder möglicherweise wollte ich auch nicht schlafen. Ich kann es nicht mehr genau sagen.

Sie schlenderte mit mir im Kinderwagen an der schönen Elz entlang. Die Bäume wogen sich im Wind hin und her, der Wind rauschte durch die Blätter. Es war ein windiger und doch lauer Sommerabend, und sie war wegen der Hitze nur leicht bekleidet. Ein Reifen des Kinderwagens quietschte bei jeder Umdrehung. Der Weg war nicht asphaltiert und der Kinderwagen holperte, weil der Weg mit Kieselsteinen aufgeschüttet war. Links standen die mächtigen Eichen entlang der Elz, rechts lag eine weitläufige Wiese. Es war bereits spät abends, und der Weg war menschenleer. Plötzlich kam von hinten ein Mann und packte meine Mutter wie aus dem Nichts. Meine Mutter versuchte erst, sich zu wehren, was ihr aber nicht gelang. Er fasste ihr an die Brüste und zwischen die Beine.

Sie dachte: »Du musst irgendwie hier wegkommen, denk nach, denk nach!«

Da fing sie an mitzuspielen und hauchte dem fremden Mann zu: »Ich kann meinen Slip selbst ausziehen, sieh zu!«, was ihn vermutlich noch mehr erregte. Er ließ locker und wollte ihr dabei zusehen, wie sie sich ihrer Klamotten entledigt.

Diesen Moment nutzte meine Mutter und schubste ihn zur Seite. Sie lief mit mir im Kinderwagen so schnell sie nur konnte. Weit musste sie nicht laufen, da kamen wir zu der Einrichtung »Keipengrün«, wo zur damaligen Zeit hilfsbedürftige Menschen lebten. Einer der Männer stand gerade vor der Tür und sah, wie meine Mutter rannte und verfolgt wurde.

Er stellte sich schützend vor sie und drohte dem fremden Mann: »Sieh zu, dass du Land gewinnst, sonst bekommst du es mit mir zu tun.«

Er ballte die Fäuste und hob schon seinen rechten Arm, bereit zuzuschlagen. Der Mann ließ sich einschüchtern und rannte in die entgegengesetzte Richtung davon. Bald waren nur noch die Umrisse zu sehen, danach war er wieder in der Dunkelheit verschwunden.

Meine Mutter bedankte sich bei ihrem Retter und gab ihm ein paar Mark, alles, was sie noch bei sich hatte. Sie war so froh, dass er dagewesen war. Andernfalls wäre diese Szene vermutlich nicht so gut für sie ausgegangen.

Die schlimmen Erlebnisse ziehen sich also durch unsere Familie wie ein roter Faden. Schon meine Mutter war in ihrer Kindheit und Jugend physischer und psychischer Gewalt ausgesetzt. Oft wird die psychische Gewalt verharmlost und unterschätzt, dabei ist sie nichts anderes als eine Form von unsichtbarer Gewalt. Die

Auswirkungen zeigen sich erst am späteren Verhalten des Kindes.

Meine Mutter wurde von ihrer eigenen Mutter ins Heim geschickt, um nicht zu sagen, abgeschoben, nachdem etwas eingetreten war, womit meine Oma nicht umgehen konnte: Sie wurde früh schwanger. Früher war die Aufklärung noch nicht so weit fortgeschritten wie heute, darauf wurde kein Wert gelegt. Über Sexualität wurde in den Familien nur wenig gesprochen. Es war immer noch ein Tabu-Thema. Jugendliche wurden nicht aufgeklärt, und wenn überhaupt, war es meistens schon zu spät. Die Folge waren frühe Schwangerschaften, was die meisten Eltern überforderte. Aber wie sollte es anders sein? Die Jugendlichen wussten oft gar nicht, was sie taten und was daraus resultierte.

Meine Mutter wurde von ihrer eigenen Mutter gedemütigt, ihr wurde alle Liebe entzogen. Gewalt war vermutlich an der Tagesordnung. Sie wurde ins Heim geschickt, ihr Neugeborenes wurde ihr gegen ihren Willen weggenommen. Nicht etwa vom Jugendamt, nein, von der eigenen Mutter.

Damals war jede Form von Gewalt, egal ob physisch oder psychisch, bis zu einem gewissen Grad normal und auch gesellschaftlich völlig akzeptiert.

Wie heißt es so schön: »Eine Ohrfeige hat noch keinem Kind geschadet.«

Doch Gewalterfahrungen in der Kindheit können langfristig zu unerwünschtem und negativem Verhalten führen. Oft werden solche Kinder selbst zur Tatperson. Vom Opfer zum Täter. Sie geben ihr erlerntes Verhalten an ihre eigenen Kinder weiter. Sie haben nie gelernt, mit Gefühlen umzugehen. Daraus resultieren oft auch psychische Folgen wie Angststörungen, Depressionen. Immer wieder suchen wir unterbewusst die gleichen Menschen, die wir als Eltern hatten, und entwickeln Bindungsstörungen, wie es auch bei meiner Mutter war.

Sie hatte also nie gelernt, sich auf andere Männer einzulassen, sich durchzusetzen und ihren eigenen Gefühlen eine Bedeutung zu geben. Sie arbeitete in einer Kneipe, und dort war es damals nicht schwierig, die falschen Männer kennenzulernen. Und ihre eigene Kindheit war der Grund dafür, dass sie nicht Nein sagen konnte, sich nicht von den toxischen und kranken Männern lösen konnte. Trotz der vielen Gewalt fand sie in ihren Beziehungen Sicherheit, auch finanziell, sie kannte es ja nicht anders. Sie arbeitete ihre Traumata aus ihrer Kindheit und Jugend nie auf und lernte deshalb auch nicht, damit umzugehen.

Kinder, die Opfer von Gewalt werden, egal, welcher Art, haben oft ein geringes Selbstwertgefühl. Sie fühlen sich schon zu Hause einsam, allein gelassen, unerwünscht und nicht gewollt. Sie glauben, ihre Bedürfnisse und Gefühle sind für niemanden wichtig, und das wirkt sich auch auf das spätere Leben aus. Sie ertragen alles, unabhängig von ihren eigenen Empfindungen, die ohnehin als unwichtig erachtet werden. Sie trauen sich nicht, um Hilfe zu bitten, möchten alles allein schaffen. Oft erziehen sie auch die eigenen Kinder auf diese Art und Weise, weil sie es ja nicht anders kennen. Selbstreflexion wäre hier der beste Weg. Das heißt, sie müssten ihr Denken, Handeln und Fühlen hinterfragen und analysieren, um es zu ändern, was viele Menschen einfach nicht schaffen oder wollen, weil es zu schmerzhaft wäre.

Deshalb war auch meine Kindheit geprägt von Gewalt, Erniedrigung, ich würde sogar sagen emotionaler Vernachlässigung. Wir hatten schwierige Familienverhältnisse. Es war alles andere als eine Bilderbuchkindheit. Meine Mutter hatte ständig neue Männer, wenn auch oft nur kurze Affären, auch wenn sie es mir gegenüber nicht böse meinte und es selbst nicht anders kannte. Ich war die Leidtragende, musste das alles als Kind und auch als Jugendliche miterleben und durchleben. Allein zu sehen, wie meine Mutter geschlagen, gedemütigt und beleidigt wurde, hinterließ tiefe Wunden. Aber das war noch nicht alles. Ich selbst war das Opfer von meistens betrunkenen Männern, die jemand Schwächeren brauchten, um ihre Wut rauszulassen. Und ich musste dafür herhalten und hatte niemanden, der mich davor beschützte, als ich es selbst noch nicht konnte. Bis zu meinem 14. Lebensjahr musste ich immer wieder Gewalt von diesen Männern erfahren.

Mein sicherer Hafen war meine Oma Lisbeth, die für mich mehr Mutter war als Oma. Sie kümmerte sich um mich und sorgte für mich, wenn niemand sonst da war. Meine andere Oma, Oma Erika, war für mich die böse Oma. Allein, was sie meiner Mutter antat, spricht Bände. Für mich war sie lieblos und distanziert, wir hatten auch wenig Kontakt.

Überdies spielte der Alkohol fortwährend eine große Rolle in meinem Leben, auch wenn er für mich selbst nie zu einem Problem wurde. So ziemlich alle Männer um mich herum, von meiner Kindheit an bis hinein ins jugendliche Alter, waren Alkoholiker, was damals noch viel mehr verbreitet war und noch viel mehr gesellschaftlich akzeptiert wurde als heute.

Jedoch gibt es nach wie vor viele Menschen, die Alkohol trinken und völlig die Kontrolle verlieren. Nicht nur über sich selbst, sondern oft über ihr ganzes Leben. Das habe ich selbst oft genug miterlebt, um sagen zu können, dass ich nie einen Mann wollte, der so war wie die Männer, die ich in meiner Kindheit erleben musste. Nicht nur durch Männer wie Sigi erlebte ich Gewalt, nein, das war erst der Anfang in meiner frühen Kindheit.

Auch Frauen haben mich geprägt, nicht nur meine leibliche Mutter und meine Oma, doch dazu später mehr.

Und trotz meiner wahnsinnig schwierigen und aufbrausenden Kindheit und Jugend, oder gerade deswegen, bin ich die, die ich heute bin. Ich bin zu einer starken Frau geworden und außerdem finanziell unabhängig, was wahrscheinlich niemand jemals erwartet hätte.

Viele Kinder sind stark und halten aus, was sie erleben, und so war ich auch als kleines Mädchen schon sehr stark. Manchmal dachte ich, ich könnte es nicht mehr aushalten, aber die tragischen Erlebnisse dürfen nicht die Zukunft bestimmen. Und so wuchs ich mit jedem Tag, den ich überstanden hatte. Der Panzer, der uns schützt, wird dicker und dicker, bis ihn so leicht nichts mehr durchbrechen kann.

Heute bin ich froh um jeden Tag, an dem ich etwas Neues erlebe, an dem ich weiß, wie stark ich bin und nicht weniger um das, was mich hierhergebracht hat.

Egal, was alles geschah, es hat mich zu der Person gemacht, die ich heute bin. Ich möchte euch mit diesem Buch zeigen, dass es auch anders geht. Wir müssen nicht aus der Spur geraten oder das Leben, das uns vorgelebt wurde, genauso weiterführen. Wir können den Teufelskreis durchbrechen, wenn wir es nur wollen. Hiermit arbeite ich viele Dinge auf, ja, ich schreibe sie mir von der Seele, und alle Welt soll erfahren, wie stark und kraftvoll ich heute bin. Mein Geist wurde nicht gebrochen, und ich habe meine Freude am Leben und meine Fröhlichkeit nie verloren, weder damals als Kind noch heute als erwachsene Frau.

»Auf Regen folgt Sonnenschein!«

Das ist ein uraltes Sprichwort, das sicher alle schon gehört oder sogar selbst benutzt haben.

Egal, was wir im Leben Negatives erleben, danach kommt immer etwas Positives. Hier ist unumstritten die wundervolle Natur unser Vorbild, denn nach jedem Regen kommt irgendwann wieder die Sonne heraus. Genau das können wir 1:1 auf unser menschliches Leben übertragen, denn unser Leben kann nicht nur aus schlechten Dingen bestehen, und wenn wir uns darüber im Klaren sind, können wir so einiges aushalten, und sehen viele Dinge nicht mehr so negativ, wie sie einmal waren. Wenn wir alle unser Leben vom heutigen Standpunkt aus betrachten, sehen wir, dass jedes Leben ein ständiges Auf und Ab ist, es gibt keine stetige Linie, an der wir uns stets auf gleicher Höhe bewegen.

Kein Tiefschlag ist ein Grund, sich aufzugeben, solange die Hoffnung nicht verlorengeht. Und kein noch so schlimmes Erlebnis ist das Ende der Welt.

Je älter ich werde und je öfter sich dieses Ereignis wiederholt, desto sicherer werde ich mir, dass es wieder gut wird. Das sind die Fakten, die ich selbst erlebt habe, und darauf kann ich mich zu jeder Zeit stützen, wenn es mir schlecht geht.

Nicht nur ich, nein, auch alle anderen Menschen, wenn sie nur daran glauben und nicht in einem Loch versinken.

Es gab viele solche einschneidenden Erlebnisse. Welche, bei denen man meinen könnte, man kann sie nicht überstehen, aber eben auch unerwartete und auch wunderbare Wendungen in meinem Leben, die ich mit euch teilen möchte. Meine Reise geht von meiner bewegten Kindheit, in der sich viele schlimme Dinge ereigneten, über meine durchwachsene und lebhafte, aber auch fröhliche und ausgelassene Jugend bis hin zu meinem jetzigen Leben, und davon möchte ich nun euch allen erzählen.

- Kapitel 2 -

Schon durch mein frühstes Kindesalter zog sich dieser eine rote Faden, der alles schwieriger werden ließ. Einfach war es noch nie. Erst war es Sigi, danach die vielen anderen Affären meiner Mutter und ihre teilweise lieblose, kalte Erziehung. Dazu kam, dass ich seit meiner Geburt auf meinem rechten Auge blind bin. Meine Pupille ist praktisch zugewachsen, und das vermutlich schon im Mutterleib. Ein einfacher Defekt, der alle treffen kann. Schon als Baby hatte ich eine Operation am Auge, da der Sehnerv gekürzt werden musste. Diese Sehbehinderung hat mich körperlich kaum beeinträchtigt, doch was sie nach sich zog, bereitet mir bis heute unschöne Erinnerungen.

Teningen ist nach wie vor eine kleine Gemeinde, damals hatte es nur etwa um die 10.000 Einwohner. Jeder kannte jeden, und es wurde viel miteinander, aber auch übereinander gesprochen und getratscht. Mein Auge war von Anfang an eine Besonderheit im Dorf, da blieben Klatsch und Tratsch nicht aus. Solche Dinge wurden bei uns im Dorf gerne als Nährboden für unzählige grausame Kommentare genutzt.

Es war also kein Wunder, dass die wildesten Gerüchte aufkamen, wie meine Blindheit wohl zustande gekommen war. Trotzdem konnte ich ein in dieser Hinsicht normales Leben führen. Einzig und allein das Gerede der Leute war mehr als unerfreulich.

Man sagte, meine Mutter habe sich die längste Stricknadel, die sie finden konnte, in den Unterleib gesteckt, um ihr ungeborenes Baby, also mich, zu töten. Dabei habe sie allerdings nur mein Auge erwischt, und deswegen sei ich blind geworden.

Eine andere Theorie war, dass sie sich auf einen Eimer mit kochend heißem Wasser gesetzt und viel rohes Fleisch gegessen habe, um mich so loszuwerden.

Es wurde auch vermutet, mein Vater hätte mich hochgeworfen, als ich noch ein kleines Baby war, und nicht mehr aufgefangen.

Wie Ihr seht, war unsere Familie also von Anfang an ein großes Thema bei den Dorflästereien. Wir waren noch nie hoch angesehen, nicht einmal bei unseren Nachbarn, und die meisten wollten mit uns nichts zu tun haben. Wie sollte es auch anders sein, denn die vielen Liebschaften meiner Mutter, die sie meistens in der Kneipe kennengelernt hatte, blieben nicht verborgen und machten sehr schnell die Runde in der kleinen Gemeinde.

So wurde ich schon im frühen Kindesalter wegen meiner Sehbehinderung gehänselt. Natürlich sah mein Auge anders aus als ein »normales« Auge. Die Kinder fragten neugierig nach, manche waren aber auch nur boshaft und machten sich über mich lustig. Heute bin ich der Meinung, dass man ihnen das kaum verübeln konnte, denn die Kinder wurden damals nicht auf Menschen vorbereitet die »anders« als sie selbst waren. Nicht einmal die Erwachsenen konnten damit umgehen. Wie hätte man es dann von Kindern erwarten können? Die Toleranz der Menschen in jeder Hinsicht war zu dieser Zeit lange nicht so ausgeprägt wie heute. So begann das Mobbing schon im Kindergartenalter, wegen meines Auges, aber auch, weil meine Mutter und ihre vielen Affären im ganzen Dorf bekannt waren.

Als ich noch im Kindergarten war, musste meine Oma viel im Supermarkt arbeiten. Der Supermarkt bei uns im Dorf hieß Gottlieb, heute gibt es ihn nicht mehr. Sigi war Gott sei Dank nicht mehr da, und so brachte mich meine Mutter ab und zu bei einer Tagesmutter unter. Eine Tagesmutter wird meistens vom Jugendamt gestellt, wenn sich Familien die Betreuung der Kinder nicht selbst leisten können, wie es auch bei uns war. Die Erste, an die ich mich erinnern kann, war Frau Kling. Sie hatte einen Stock, den sie zum Gehen brauchte, weil ihr Bein eine etwas krankhafte Stellung hatte. Das Knie war nach innen gedreht, der untere Fuß hingegen wieder nach außen, wodurch es für sie ziemlich schwer war, ohne Hilfe zu laufen, ohne dass ihr Knie wegknickte. Doch mit dem Gehstock funktionierte das alles relativ gut.

Meine Mutter brachte mich hin, wenn sie zur Arbeit ging, denn vermutlich hatte schon jemand beim Jugendamt gemeldet, dass ich immer allein zu Hause war. Also hatte das Jugendamt vorgeschlagen, für mich eine Tagesmutter zu suchen, die sich um mich kümmerte, wenn meine Mutter keine Zeit hatte. Ich war auf der einen Seite froh, nicht mehr so oft allein zu sein, andererseits wäre ich lieber in meinem eigenen Zuhause gewesen, zusammen mit meiner Mutter.

Anscheinend nahm Frau Kling ihren Job als Tagesmutter nicht sehr ernst, denn sie wickelte mich so gut wie nie, und ich blieb oft stundenlang in meiner nassen Windel liegen mit der Folge, dass ich eine Windeldermatitis bekam. Ich hatte über den Intimbereich verteilt rote Pickelchen und wunde Stellen. Wegen der Windel kommt an diesen Bereich ohnehin nur wenig Luft, und wenn dann noch dazu selten gewickelt und gereinigt wird, ist die Haut ununterbrochen den Reizen von Urin und Stuhl ausgesetzt.

Es schien mir schon von Anfang an so, als sei ich nur eine Last für Frau Kling. Sie wollte nicht mit mir spielen, und es wäre ihr lieber gewesen, ich wäre gar nicht da. Vermutlich war der einzige Grund, dass sie diesen Beruf ausübte, das Geld. Doch lange konnte sie an mir kein Geld verdienen. Ich war nicht lange dort, und schon kam die nächste von vielen Veränderungen in meinem Leben.

Meine Mutter hatte endlich eine neue Wohnung gefunden. Ein Bekannter aus der Kneipe hatte sie uns vermittelt. Wir zogen von der Feldbergstraße in die Hans-Sachs-Straße, gerade einmal zehn Gehminuten entfernt. Wir wohnten wieder ganz oben im 3. oder 4. Stock, aber in diesem Haus waren nur zwei Wohnungen auf einem Stockwerk, eine rechts, eine links. Insgesamt machte dieses Haus schon von außen einen viel besseren Eindruck. Die Fassade war in schlichtem Weiß gehalten, der Rasen vor dem Haus war gepflegt, was die Hausmeister regelmäßig erledigten. Das Treppenhaus roch nicht so übel wie das unserer alten Wohnung.

Unsere Wohnung lag auf der rechten Seite. Wir gingen zur Tür hinein, und ich kam vom Flur aus links gleich in mein Kinderzimmer. Ich war so froh, endlich einen Raum für mich zu haben. Nach den Jahren, in denen ich in der kleinen Küche hatte schlafen müssen, war das für mich wie ein wahrgewordener Traum. Ich hatte einen Rückzugsort, wo ich die Tür einfach schließen und so ein Stück weit in meiner eigenen Welt sein konnte. Eine Tür weiter kam das Schlafzimmer, gegenüber das Badezimmer und die Küche, und geradeaus durch den Flur kam man in das große Wohnzimmer, das sogar einen Balkon hatte. Also alles kein Vergleich zu unserer vorherigen Wohnung. Wir hatten riesiges Glück gehabt, eine solche Wohnung zu bekommen.

Ich war froh, dass in dieser Zeit kein Mann mit uns zusammenlebte. Weder Sigi noch sonst irgendjemand, nur wir beide. Nach Sigi hatte meine Mutter einen Schwarm, Erhart. Ich sah ihn ab und an, wenn ich meine Mutter in der Kneipe besuchte.

Er saß an der Bar und trank wie alle hier sein Bier. Er war groß, sicher über 1,80 Meter, hatte blonde, halblange Haare und wirkte sehr ruhig und bodenständig. Ein Mann wie er hätte meiner Mutter bestimmt besser getan als so ein brutaler, lauter Säufer wie Sigi, aber leider kam sie nie mit ihm zusammen. Es war wieder nur eine unbedeutende Affäre. Ich hätte mich sehr für sie gefreut und fand es am Ende sehr schade. Mit ihm hätte ich mich sicher arrangieren können.

Unser Umzug war schon einige Wochen her, und wir hatten uns schon gut eingelebt, doch am meisten freute ich mich, wenn wir meine Oma in unserer alten Wohngegend besuchten. Jedes Mal fieberte ich den Besuchen entgegen, weil ich mich dort am wohlsten, am meisten geliebt fühlte und meine schönsten Momente hatte. An einem meiner Geburtstage, vermutlich war es mein sechster, denn das Jahr darauf wurde ich eingeschult, waren wir bei meiner Lieblingsoma Lisbeth zu Kaffee und Kuchen eingeladen, denn auch sie feierte ihren Geburtstag am gleichen Tag wie ich, was schon immer eine besondere Bedeutung für mich hatte. So gab es jedes Mal viel zu essen, es gab die leckersten selbstgemachten Torten und Kuchen meiner Oma. Es war ein einziges Schlaraffenland für mich, und ich freute mich jedes Mal, die ganze Familie zu sehen. Meistens waren aber nur die Verwandten meines Vaters zu Gast, denn mit meinen anderen Verwandten, wie meine Oma mütterlicherseits, hatten wir nur sporadisch Kontakt. Das störte mich allerdings auch nicht, denn ich mochte ja meine andere Oma auch nicht sonderlich gerne. Es gab Kaffee und Kuchen für die Erwachsenen und für uns Kinder natürlich Saft und Limonade. Wir genossen die gemeinsame Zeit und aßen und tranken, was wir nur konnten. Als wir alle gegessen hatten, legten wir eine kurze Verdauungspause ein, was nach solch einem reichlichen Mahl selbstverständlich war. Später lief ich zusammen mit meinen Cousins und Cousinen runter auf die wenig befahrene Straße. Verstecken spielen konnte man in dieser Straße außerordentlich gut. Es gab jede Menge verwinkelte Garagen und viele große Büsche und Bäume, die uns ganz und gar von der Bildfläche verschwinden ließen. So suchten wir einander oft sogar eine halbe Stunde, bis wir aus unseren Verstecken krochen und uns ergaben, weil wir einfach nicht mehr stillhalten konnten. Oder wir ließen unserer Fantasie mit Straßenkreide freien Lauf und brachten die wildesten Gemälde auf die Straße. Ein Stück Unbeschwertheit, das ich sehr genoss, wie immer, wenn ich dort war.

Obwohl mein Vater in derselben Wohnung wohnte, hatte ich nicht einmal an solchen Tagen viel mit ihm zu tun. Er mochte den Trubel nicht und ging in sein Zimmer, wenn so viele Gäste da waren.

Es wurde langsam dunkel, und wir huschten wieder nach oben, wo sich die Erwachsenen unterhielten. Ich stand gerade vor der Tür, als ich die ernsten Worte meiner Oma hörte. Ich war neugierig, also blieb ich stehen und lauschte.

Oma Lisbeth gab meiner Mutter einen sehr gut gemeinten Rat: »Gudrun, du musst zusehen, dass du wieder einen Betreuungsplatz für Judith bekommst. Es tut ihr gut, wenn sie nicht ständig allein ist. Du hast kaum Zeit für sie, und das nimmt sie sehr mit. Entweder du arbeitest weniger, oder du suchst jemanden. Wieder eine Tagesmutter, das wäre nicht schlecht.«

»Du hast ja Recht. Wir hatten viel zu tun mit dem Umzug, ich bin nicht dazu gekommen. Weniger arbeiten geht nicht, das Geld ist sowieso knapp. Gleich morgen werde ich mich nach einem Platz erkundigen.«

Ich blieb unbemerkt, weil ich hinter dem Türstock stand. Ich wusste nicht so recht, ob ich mich freuen sollte oder nicht. Erschrocken fing ich an nachzudenken: »Schon wieder eine neue Tagesmutter. Was, wenn sie wieder so ist wie Frau Kling? Wenn sie mich gar nicht mag, oder ich sie nicht? Oder vielleicht hat ja niemand Zeit für mich. Aber ständig nur für mich sein, ist auch irgendwie blöd.«

So war ich hin und her gerissen, doch glücklich war ich nicht damit.

Dieser Tag war ein besonderer für mich, denn ich durfte endlich wieder bei Oma Lisbeth übernachten. Als spät abends alle Gäste weg waren, gingen wir gemeinsam schlafen. Jedes Mal durfte ich bei ihr im Bett schlafen. Im Schlafzimmer war es immer kalt, weil die ganze Nacht das Fenster offenstand. Ich liebte es, wenn es mich von der Kälte im Zimmer schon fröstelte und ich schnell unter die schwere, große Heizdecke springen und mich einkuscheln konnte.

Meiner Oma vertraute ich, sie kümmerte sich um mich und sorgte für mich.

Was ich auf der Familienfeier gehört hatte, bedrückte mich ein wenig, also fragte ich sie: »Oma, was hast du vorhin, als noch alle da waren, mit Mama geredet? Ich habe euch ein bisschen belauscht und gehört, was Ihr gesagt habt.«

»Sieh mal Kind, ich habe deiner Mutter nur nahegelegt, dass sie Unterstützung braucht, damit du nicht so einsam bist«, gab sie mir zur Antwort und streichelte mir übers Haar.

Ich teilte weiter meine Gedanken mit ihr: »Aber was ist, wenn die Frau nicht nett ist? Wenn ich sie nicht mag oder sie mich nicht? Das ist schon wieder jemand anderes, eigentlich will ich nur bei Mama sein.«

Verständnisvoll sah sie mir in die Augen und flüsterte: »Ich weiß, mein Liebes, aber das geht nun mal nicht. Deine Mutter hat es auch nicht einfach. Das wird bestimmt eine nette Frau sein. Und ich bin ja auch noch da, wenn ich nicht arbeiten muss und wenn meine Gesundheit es zulässt.«

Sie las mir noch eine Gute-Nacht-Geschichte vor und streichelte mich so lange, bis ich einschlief, was nicht lange dauerte, denn nach diesem Tag voller Spiele, Essen und langen Gesprächen war ich sehr müde.

Es dauerte nicht lange, vielleicht ein paar Tage, da kam ein Anruf vom Jugendamt. Tatsächlich gab es einen freien Platz in der Nähe.

Sie hieß Frau Klinger. Sie war verheiratet und hatte eine Tochter, die schon einige Jahre älter war als ich. Ich kann mich erinnern, dass ihre Tochter sehr gut Klavier spielen konnte. Sie bekam jeden Tag zu Hause Klavierunterricht, und das zahlte sich aus. Ich hörte ihr oft zu, wenn sie spielte. So konnte ich meinem Alltag zumindest ein bisschen entfliehen und vor mich hinträumen, während ich lauschte. Frau Klinger hatte ein rotes Gesicht und eine herausstechende rote Knollennase, was sie vermutlich ihrer Liebe zu Wein zu verdanken hatte. Ich durfte ab und an bei Frau Klinger schlafen, weshalb ich auch oft von dort aus zur Kita ging. Meine

Oma hatte Recht. Sie war eine nette Frau und kümmerte sich gut um mich.

Und doch fühlte ich mich oft allein und von meiner Mutter im Stich gelassen, auch wenn ich Oma Lisbeth hatte, die ich über alles liebte, und Frau Klinger, die sich große Mühe gab und sich auch für mich interessierte. Aber es war nicht das Gleiche. Meine Mutter fehlte mir. Und so kam es nicht selten vor, dass ich durch Essen versuchte, die Lücke in meinem Herzen zu füllen.

Meine Kindertagesstätte lag im sogenannten »Unterdorf« von Teningen gleich neben einem großen Ackergelände. Ich glaube, sie wurde um 13:00 Uhr geschlossen, und ich ging allein nach Hause, wenn meine Mutter in der Arbeit war. Schon zu dieser Zeit waren Süßigkeiten alles für mich. Ich musste ins »Oberdorf«, was allerdings keine lange Strecke war. Ich spazierte fröhlich aus dem Kindergarten heraus und musste nur die Straße überqueren, um zu der kleinen Bäckerei zu kommen. Ich war hin und weg von all den Leckereien im Schaufenster. Saftiges Brot, kleine Brötchen, aber vor allem diese hübschen, mit Zucker überzogenen süßen Teilchen, nach denen ich so verrückt war. Jeden Tag ging ich also zu der Bäckerei, starrte all diese guten Sachen an und dachte dabei: »Oh, wie lecker die wohl sind. Was würde ich dafür geben, in so eine Tasche hineinzubeißen! Bestimmt sind sie noch süßer und besser als Honig.«

Minutenlang stand ich wie angewurzelt vor dem Schaufenster und träumte vor mich hin.

Es war ein wunderschöner, warmer Frühlingstag. Die Vögel zwitscherten, und auf den kleinen Grünstreifen neben dem Gehweg blühten Maiglöckchen, die ich so mochte. Mein Heimweg führte mich wie jedes Mal an der kleinen Bäckerei vorbei. Ich trug ein luftiges, weißes Kleidchen, das schon völlig verdreckt war, weil ich es die ganze Woche getragen hatte. Ich lehnte meine verschwitzte Stirn an das Glas des Schaufensters, wo schon die Wespen und Bienen umherschwirrten, denn auch sie waren verrückt nach dem süßen Gebäck – genau wie ich. Da kam die Verkäuferin hinter ihrer Theke hervor und kam zu mir vor das Geschäft, denn obwohl ich jeden Tag vorbeiging, hatte ich mich nie getraut hineinzugehen. Sie hatte eine braune Schürze umgebunden, die voller Mehlstaub war.

Sie sagte zu mir: »Na, Kleine, was machst du denn immer hier vor dem Laden? Wo ist denn deine Mama?«

Ich antwortete leise: »Meine Mama hat keine Zeit, sie ist in der Arbeit. Das sieht alles so gut aus, und ich stelle mir vor, wie gut es wohl schmeckt.«

Da ging sie wieder in den Laden und kam ein paar Sekunden später schon wieder heraus. In der Hand hielt sie eine unglaublich große Schneckennudel. Ein süßes Plundergebäck, das eingedreht ist und einem Schneckenhaus ähnlich sieht, daher der Name. Die Schneckennudel war bedeckt mit glänzender Zuckerglasur. Sie gab sie mir in die Hand, und ich war in dem Moment so glücklich, als wäre mein Geburtstag. Endlich durfte ich eines essen, worauf ich schon so lange gehofft hatte. Es war so unglaublich lecker, dass ich davon gar nicht genug bekommen konnte.

Ich bedankte mich herzlich bei der Verkäuferin und lief glücklich und zufrieden nach Hause. Von diesem Tag an freute ich mich jedes Mal, wenn ich allein nach Hause gehen durfte.

Ich blieb so lange vor der Bäckerei stehen, bis die nette Dame mich entdeckte und ich wieder eine der leckersten Schneckennudeln bekam, die ich je gegessen hatte und deren Geschmack ich heute noch auf der Zunge habe, wenn ich daran denke.

Die Wintermonate waren bitterkalt gewesen, und es hieß, es steht uns ein heißer Sommer bevor.

Und schon war der Sommer da! Und genau wie es prophezeit worden war – er war heiß! Die Luft war schwül und stickig, Am Himmel war keine einzige Wolke zu finden, und es gab nicht den geringsten Windstoß.

An diesem Morgen ging ich von Frau Klinger aus zum Kindergarten. Wir Kinder setzten uns alle wie jeden Morgen mit unserer Erzieherin in unseren Morgenkreis, um gemeinsam zu singen und uns auf den Tag vorzubereiten. Durch unser großes Fenster, das über die ganze Länge des Raums ging – sicher gute drei Meter – konnten wir direkt auf das Feld nebenan sehen. An diesem Tag stand der Traktor führerlos auf dem Feld, was nicht das erste Mal war, also kümmerten wir uns nicht weiter darum. Doch plötzlich kam der Traktor immer näher und fuhr das Gefälle hinab geradewegs auf den Kindergarten zu. Geistesgegenwärtig sprang unsere Erzieherin auf und schrie: »Kinder! Sofort alle raus hier!«

Einen kurzen Moment lang liefen alle Kinder durcheinander, weil niemand wusste, was los war. Doch wir schafften es alle noch rechtzeitig aus dem Zimmer, und nur ein paar Sekunden später krachte der führerlose Traktor mitten in das große Fenster, und es zersprang in tausend Teile. Dank unserer lieben Betreuerin war keinem von uns etwas passiert.

Das war natürlich »Die Sensation« im ganzen Dorf, denn so etwas passiert schließlich nicht alle Tage. Wie es geschehen konnte, dass der Traktor einfach in unser Fenster krachte, erfuhren wir nicht, vielleicht kann ich mich auch einfach nicht mehr daran erinnern. Vermutlich hatte der Bauer vergessen, die Bremse anzuziehen. Zum Glück wurde niemand verletzt!

Als ich an diesem Tag nach Hause kam, war niemand da, dem ich es hätte erzählen können, nur unser kleiner grüner Wellensittich. Er saß auf seinem dünnen Ästchen in seinem Käfig, und ich freute mich, dass wenigstens er da war. Ihm erzählte ich alles, was den Tag über passiert war, und er gab mir tatsächlich Antworten. Zwar konnte er nicht reden wie ein Papagei, aber er zwitscherte fröhlich vor sich hin.

Aufgeregt schilderte ich, was passiert war: »Du kannst dir nicht vorstellen, was heute passiert ist. Der riesige Traktor ist vom Feld in unser Fenster gekracht. Danach war der Boden ein einziges Scherbenmeer.«

Er fing an zu zwitschern, und da konnte ich nicht mehr anders und fing an zu lachen. Er war so ein süßes kleines Kerlchen.

Als ich eines Tages mittags nach Hause kam, hörte ich ihn nicht, als ich zur Tür hereinkam. Irgendetwas stimmte nicht. Ich ging in mein Zimmer, in dem sein Käfig stand, und da saß er nicht mehr auf seinem Ästchen. Er lag am Boden, rührte sich nicht mehr und gab keinen Ton von sich. Ich dachte erst, er würde schlafen oder sei krank, doch als er auch nicht aufwachte, als ich ihn ein bisschen schüttelte, wurde mir klar, dass er für immer schlafen und nie wieder aufwachen würde.

Tränen kullerten mir über die Wangen. Über die Monate war er mir ein treuer Gefährte geworden, und ich hatte meinen Spaß mit ihm gehabt. Ich legte mich in meinem Zimmer auf den Teppichboden und konnte nicht aufhören zu weinen. Ich brauchte einige Zeit, bis ich wieder klar denken konnte. Ich stand auf und ging nach draußen, denn hier konnte ich nicht bleiben.

Am Nachmittag hatte meine Mutter eine kurze Pause und kam nach Hause. Sie sah, was passiert war und überlegte, was sie tun könnte. Sie versuchte, mich zu trösten: »Judith, Tiere sterben nun mal, da kann man nichts machen. Er ist jetzt im Vogelhimmel und passt auf dich auf.« Es gelang ihr allerdings nicht.

Ein größeres Haustier durfte ich nie haben, das mochte meine Mutter nicht. »Die machen zu viel Dreck und kosten zu viel, das können wir uns nicht leisten«, sagte sie jedes Mal, wenn ich sie nach einem Hund fragte. Nichts wünschte ich mir so sehr wie einen Hund, es war mein größter Traum, doch ein Hund war ganz klar keine Option.

Einige Zeit später hatte ich meine Mutter überredet, dass ich wieder ein Tier bekomme. Wir gingen gemeinsam zur Tierhandlung, und ich entschied mich für einen Hamster. Er war sehr klein und ziemlich putzig, und meine Mutter gab mir die Erlaubnis, also war ich auch damit zufrieden. Nun hatte ich wieder einen Kameraden, dem ich alles erzählen konnte.

Wie der vorherige Winter wurde auch dieser sehr kalt. Ich wurde evangelisch erzogen und freute mich auf Weihnachten, doch das Schönste für mich war es zu singen.

Dieses Jahr führte unsere Gruppe das Krippenspiel in der Kirche auf. Natürlich gab es auch gesangliche Begleitung. Endlich war es so weit, und ich war alt genug, die Maria zu spielen. Ich war sehr aufgeregt und ging den Text noch einige Male im Kopf durch, bis die Vorstellung begann.

Frau Klinger begleitete mich in die Kirche, um sich unsere Vorführung anzusehen. Ich war sehr froh darüber, dass ich jemandem zeigen konnte, was ich schon konnte, auch wenn es nicht meine Mutter war.

Vor der Aufführung machte sie mir Mut: »Du schaffst das, Judith, du hast viel geübt und kannst es in und auswendig.«

Ich atmete tief durch, und dann ging es schon los.

Am Ende sangen wir alle zusammen das Abschlusslied aus vollem Halse. In der Kirche hallte es, und es hörte sich noch viel lauter an, als es war. Die Töne kamen als Echo von den vornehmen, mit Gold verzierten Wänden, und ich war so stolz, dass ich ganz vorne stand und die heilige Maria war.

Das Krippenspiel war zu Ende, und mir fiel ein riesiger Stein vom Herzen, denn alle hatten ihre Rolle großartig gespielt. Frau Klinger freute sich mit mir und strahlte über das ganze Gesicht, genau wie ich. Danach wurden wir alle nacheinander vom Pfarrer gesegnet. Zusammen mit Frau Klinger ging ich Hand in Hand über die Straßen, und sie brachte mich wieder nach Hause zu meiner Mutter.

Doch niemand war zu Hause. Mein Blick senkte sich, und ich wurde ein wenig traurig. Alle Fröhlichkeit, die ich gerade noch verspürt hatte, war verflogen. Da nahm ich meinen ganzen Mut zusammen und fragte Frau Klinger: »Darf ich vielleicht noch mitkommen, bis meine Mutter aus der Arbeit kommt? Ich bin auch brav, ich versprechs.«

Sie erwiderte mit einem Lächeln: »Aber natürlich darfst du mit, Silvia freut sich bestimmt, wenn Ihr noch ein wenig spielen könnt.«

Also ging ich mit und wartete dort, bis mich meine Mutter abholte.

Einige Monate später, der Frühling war schon da, eröffnete in unserem kleinen Teningen ein Schwimmbad. Darauf hatte ich mich riesig gefreut, denn sonst gab es nicht viel Freizeitaktivitäten im Dorf. Jeden Tag spazierte ich dorthin, egal bei welchem Wetter. Ich liebte das Wasser. Darin fühlte ich mich schwerelos und leicht. Ich war schon immer etwas pummelig, und so war das Wasser für mich wie eine Befreiung. Oft lag ich mit dem Bauch nach oben im Wasser und ließ mich treiben, mit den Ohren unter Wasser. Das war pure Entspannung und Geborgenheit, dieses Rauschen im Ohr, das Knistern des Beckens, ich fühlte mich so wohl wie nirgendwo anders. Nur schwimmen konnte ich noch nicht, denn das hatte mir niemand beigebracht, und ich trug noch meinen Schwimmring und meine Schwimmflügel. Der Bademeister kannte mich nach einer Weile schon und beobachtete mich jeden Tag. Eines Tages sagte er zu mir: »Eines von beiden musst du ausziehen. Entweder deine Schwimmflügel oder deinen Ring, sonst lernst du nie schwimmen.«

Ich überlegte: »Was soll ich jetzt ausziehen? Meinen Schwimmring mag ich eigentlich gerne. Die Schwimmflügel zwicken mich sowieso an den Armen. Die nehme ich jetzt runter.«

Also nahm ich meine Schwimmflügel ab und übte den Armschlag, wie ich es bei den anderen Badegästen sah. Jeden Tag funktionierte es besser, und zur Sicherheit hatte ich zusätzlich noch meinen Ring, der mich über Wasser hielt. Ein paar Tage später klappte es schon ausgesprochen gut, und ich war sehr stolz auf mich und froh, dass mir der liebe Bademeister den Tipp gegeben hatte.

Jeden Tag, den ich im Schwimmbad verbrachte, übte ich Schwimmen. Bald konnte ich den Schwimmreifen weglassen und war so völlig frei und losgelöst. Einige Wochen später war ich so gut geworden, dass ich den Freischwimmerkurs machen durfte, und was soll ich sagen, ich bestand ihn mit Bravour. In meiner gesamten Vorschulzeit fand man mich meistens im Schwimmbad.

Und wenn ich ausnahmsweise nicht im Schwimmbad war, war ich zusammen mit anderen Kindern auf dem Spielplatz im Dorf. Bis dorthin waren es von unserer Wohnung aus nur ein paar Gehminuten, also spielten wir oft den ganzen Nachmittag dort. Das war das Schöne in unserem Dorf, dass wir alles in wenigen Minuten erreichen konnten. Egal ob Schwimmbad, Kindergarten, Spielplatz oder Schule. Es war alles sehr nah.

Gleich neben dem Spielplatz war ein großer Festplatz, auf dem alle Dorffeste ausgerichtet wurden, aber eben auch der Zirkus, der jedes Jahr zu uns ins Dorf kam, wurde dort aufgebaut. Das war für alle Kinder die Hauptattraktion des Jahres. Die vielen verschiedenen Tiere, die großartigen Akrobaten, doch am liebsten waren wir bei den Pferden. Ein eigenes Pferd, das war der Traum aller Mädchen. Ich durfte sie streicheln, und wenn ich von meiner Oma eine übriggebliebene Möhre bekam, nahm ich sie mit, um sie den Pferden zu geben.

Einer der Schausteller war sehr nett und sagte: »Wenn du möchtest, heb ich dich gerne hoch.«

Ich machte Freudensprünge, so besonders war das für mich. Ich hatte noch nie auf einem Pferd gesessen, das war bei uns einfach nicht möglich, vor allem finanziell. An diesem Tag hatte ich ein kurzes Röckchen an, weil es so warm war, und meine Unterhose war mir zu groß, weil ich eben keine andere gefunden hatte. Er hob mich also hoch, und als ich oben saß, meine Beine hingen rechts und links herunter, da griff er mir mit seiner Hand direkt zwischen meine Beine. Das war sehr unangenehm für mich und fühlte sich nicht richtig an. Aber was sollte ich als Kind schon machen oder sagen, also sagte ich einfach nichts.

Ich war noch so unschuldig und wunderte mich nur, warum er das tat. Ich wusste nicht, was ich machen sollte. Ich lief einfach davon, auf den Spielplatz und versuchte, mich abzulenken und nicht mehr daran zu denken. Zurück blieb nur dieses seltsam beschämende Gefühl, das ich beim besten Willen nicht einordnen konnte. Erst als ich erwachsen wurde, wurde mir klar, dass das ein sexueller Übergriff gewesen war. Kinder haben das noch nicht im Kopf und wissen nicht, was das bedeutet. Wir wurden früher auch nicht auf solche Dinge vorbereitet, und wenn etwas passierte, wurde es meistens totgeschwiegen.

Obwohl eine solch unangenehme Sache vorgefallen war, konnte ich vom Zirkus einfach nicht genug bekommen, er kam ja nur einmal im Jahr, und war jedes Mal etwas Neues. Wir konnten uns den Besuch der Vorstellung aber meistens nicht leisten, und so grübelte ich, wie ich doch noch zusehen könnte.

Ich wusste ja, dass meine Mutter erst sehr spät abends nach Hause kam. Also schlich ich mich, als es dunkel war, einfach aus der Wohnung und lief zum Zirkus. Im Schutz der Dunkelheit schlich ich, so leise ich konnte, um das Zelt herum.

Ich hörte von drinnen schon, wie die Ansage für den nächsten Auftritt gemacht wurde: »Hochverehrtes Publikum, nun sehen Sie die beste Pferdeshow, die Sie je gesehen haben, bitte einen großen Applaus!«

Als Nächstes war also die Pferdeshow an der Reihe, das durfte ich nicht verpassen. Zu meinem Glück war das Zelt an einer Stelle nicht gut verschlossen. Es stand einen kleinen Spalt weit offen, durch den ich mich hineinschleichen konnte. Niemand bemerkte mich, und ich setzte mich oben hin, von wo aus ich die ganze Manege im Blick hatte. Bei diesen wunderbaren Vorstellungen vergaß ich völlig die Zeit und blieb bis zum Ende, obwohl ich eigentlich schon früher hätte gehen sollen.

Es gab tosenden Applaus, und ich drängelte mich zwischen die Menge hindurch wieder nach draußen, lief schnell nach Hause und sah schon von Weitem, dass das Licht brannte. Ich sprintete das Treppenhaus nach oben und sperrte die Tür auf. In jedem Raum brannte Licht, aber Mama war nicht da. Ich wusste, das würde Ärger geben. Ich ging schnell in mein Zimmer und legte mich in mein Bett. Ich tat so, als würde ich schlafen, in der Hoffnung, meine Mutter würde das akzeptieren.

Das Hoffen war umsonst. Sie kam ein paar Minuten später zur Wohnungstür hereingestürmt, entdeckte mich und zog mich aus dem Bett. Sie holte ihren braunen Ledergürtel und schlug mir so stark damit auf meinen Hintern, dass mein ganzer Körper innerlich bebte. Ich weinte und schrie, weil es so wehtat: »Mama, hör auf, hör auf, du tust mir weh!«

Als sie endlich von mir abließ, ging ich wortlos in mein Zimmer, schloss die Tür hinter mir, legte mich in mein Bett, zog mir die Decke über den Kopf und umschlang mich selbst mit meinen Armen. Mein Herz fühlte sich an, als würde es zerquetscht. Wenn ich geschlagen wurde, spürte ich es jedes Mal tief in meinem Herzen, doch am schlimmsten war es, wenn es von meiner eigenen Mutter kam. Sie bedeutete mir so viel, und doch verletzte sie mich so sehr. Ich lag in meinem Bett und versuchte, mir selbst die Nähe und Liebe zu geben, die ich gerade brauchte, aber meine Tränen flossen, als gäbe es kein Ende, bis ich endlich eingeschlafen war.

Am nächsten Tag erzählte sie mir, sie hätte mich deshalb geschlagen, weil sie sich solche Sorgen gemacht hatte. Sie war an dem Abend früher nach Hause gekommen, und ich war nicht in meinem Bett. Da suchte sie die Wohnung ab, fand mich nicht und rannte durch das ganze Dorf, um mich zu finden. Sie hatte sich schon die schlimmsten Dinge ausgemalt. Vielleicht war ich weggelaufen oder es hatte mich sogar jemand entführt, man konnte es ja nicht wissen.

Dabei wollte ich mir nur den Zirkus ansehen, und wenn ich gewusst hätte, was danach auf mich zukommt, hätte ich es vielleicht nicht getan oder wäre einfach früher nach Hause gegangen. Der körperliche Schmerz war nicht das Schlimmste. Ich hatte ihn schon bald vergessen. Doch was er in meinem Herzen und in meiner Seele anrichtete, werde ich immer mit mir tragen.

Einige Zeit später erfuhr ich, dass meine Tagesmutter, Frau Klinger, eine andere Arbeit gefunden hatte, die für sie lukrativer war. Also hörte sie auf, und ich musste wieder zu einer anderen Frau. Ich fand das sehr schade, denn ich mochte sie gerne.

Die neue Tagesmutter hieß Frau Morgentaler und hatte zwei Söhne. Ich kann mich noch gut daran erinnern, dass sie von zu Hause aus noch für eine Tabakfirma arbeitete und Zigarren drehte. Sie musste die Blätter, die sie bekam, in Wasser tränken und zusammendrehen. Das sah ziemlich widerlich aus und roch auch so.

Wir aßen oft zusammen Mittag und ich kann mich gut erinnern, wie sich der gutaussehende ihrer beiden Söhne so verschluckte, dass er einen Hustenanfall bekam und schon rot angelaufen war. Er hustete so stark, dass durch die Wucht der Luft ein Stückchen Rotkraut den Weg in seine Nase fand und vorne heraushing. Ich konnte mich nicht mehr zurückhalten, meine Backen platzten schon fast, ich prustete laut los, und alle brachen in schallendes Gelächter aus.

Nach dem Mittagessen ging ich mit den beiden Jungs an die Elz, wo wir im Wasser mit Gummistiefeln nach schönen Steinen suchten. Es war ein sehr heißer Sommertag, und wir spritzten uns gegenseitig nass, was eine willkommene Abkühlung war. Als wir wieder aus dem Wasser kamen, leerten wir alle unsere Gummistiefel aus. Ich erschrak und hüpfte gleich einen guten Meter zur Seite, als mit all dem Wasser plötzlich ein toter Fisch aus meinem Schuh flutschte. Die Jungs machten sich natürlich darüber lustig, wie ich mich erschrocken hatte. Nach dem kurzen Schock musste ich dann aber auch mitlachen, und so verbrachten wir einen schönen Tag an der Elz.

Ich verstand mich gut mit allen, war aber trotzdem nicht lange bei dieser Familie und bald wieder auf mich allein gestellt, da meine Mutter ja immer noch so viel in der Kneipe arbeitete. »Knickschuss« stand auf einem großen Schild, das eher schief und krumm über dem Eingang der Kneipe hing, das sehe ich noch vor meinen Augen, als wäre es gestern gewesen.

Die Sommerferien waren bald zu Ende, ich wurde eingeschult und kam in die erste Klasse. Bis heute habe ich die beiden riesigen Schultüten im Kopf, die ich an diesem Tag bekam, voll mit Süßigkeiten. Die Einschulung war mein schönster Tag. Alles, was danach kam, war für mich nur noch anstrengend. Es war schwierig, mich in die neue Klasse einzufinden. Die Schule war etwas völlig anderes als der Kindergarten. Ich musste den ganzen Tag ruhig sitzen und mich auf ein Thema konzentrieren, was mir sehr schwer fiel. Auch mit den Hausaufgaben war ich auf mich allein gestellt und hatte keine Hilfe von zu Hause, was sich auch in meinem schlechten Zeugnis nach der ersten Klasse widerspiegelte.

Hier ein kleines Beispiel:

Judith ist ein recht aufgeschlossenes Mädchen. Mit größerem häuslichen Fleiß und ordentlichen Schulsachen könnte sie bessere Leistungen erzielen. Deutsch und Mathematik ausreichend. Judith arbeitet sehr unregelmäßig und meist versucht sie, sich vor der Arbeit zu drücken.

In der Tat schwänzte ich schon in der ersten Klasse oft die Schule, und meiner Mutter fiel es meistens gar nicht auf.

Doch eines Morgens ging ich mit meiner kleinen braunen Ledertasche aus der Wohnungstür und lief geradewegs in unseren Keller hinunter. Dort standen unsere Mülltonnen, und dort deponierte ich meine Schultasche, um sie später wieder abzuholen. Ich marschierte in der Zeit, in der ich für gewöhnlich Schule gehabt hätte, fröhlich ins Schwimmbad, um ein bisschen zu plantschen. Was ich nicht wusste war, dass an diesem Tag die Müllabfuhr kam und meine Mutter die Mülltonne auf die Straße stellen musste. Die war aber schon so voll, dass der Deckel sich nicht mehr schließen ließ und eine Ecke meiner Schultasche herausblitzte. So kam es, dass meine Mutter die Schultasche entdeckte.

Nichts ahnend kam ich nach Hause, und an diesem Tag ging sie extra später zur Arbeit, um noch ihren Ärger an mir auszulassen. Sie wartete schon in der Wohnungstür auf mich, und ohne etwas zu sagen, schlug sie mir wutentbrannt mit der flachen Hand mitten ins Gesicht. Meine Wange brannte wie Feuer, ich lief sofort rot an, ich hatte ihren ganzen Handabdruck in meinem Gesicht. Erst schrie sie mich an: »Du kleine Göre, was bildest du dir ein, mich so zu hintergehen? Ich bin deine Mutter, und du tust das, was ich dir sage. Du gehst ab jetzt jeden Tag in die Schule! Hast du das verstanden?«

Danach redete sie kein Wort mehr mit mir und verschwand bald danach in die Knickschuss-Kneipe, um zu arbeiten.

Trotzdem schwänzte ich weiter die Schule, ich wollte einfach nicht den ganzen Tag stillsitzen und dem Lehrer zuhören. Ich wollte tun, was mir Spaß macht, und das war nun einmal das Schwimmen.

Lange konnte ich das aber nicht mehr verheimlichen. Wir hatten viele Nachbarn, die den ganzen Tag zu Hause waren. So hatten sie Zeit, andere Leute, wie auch mich, zu beobachten. Eine unserer Nachbarinnen sah mich, wie ich regelmäßig ohne Schultasche auf der Straße herumlief. Sie hatte mitbekommen, dass ich oft allein zu Hause war, und ich trug auch oft schmutzige oder zu große Kleidung. Nach einiger Zeit meldete sich diese Nachbarin beim örtlichen Jugendamt und sagte, dass ich nicht zur Schule gehe und verwahrlost und immer allein bin.

Es dauerte nicht lange, da standen sie bei uns vor der Tür und wollten nachsehen, was los war. Wahrscheinlich war das auch schon längst überfällig und nur eine Frage der Zeit. Es folgten viele Gespräche mit meiner Mutter und auch mit meiner Oma. Danach sah das Jugendamt keine Möglichkeit, dass ich bei meiner Familie hätte bleiben können. Sie waren der Meinung, ich bräuchte geregelte, konstante Familienverhältnisse, die meine Mutter mir nicht bieten konnte. Bei Oma Lisbeth konnte ich nicht unterkommen, weil sie selbst nie Zeit hatte und es sich schlichtweg nicht leisten konnte, ihre Arbeit bei Gottlieb zu kündigen. Zu meiner anderen Oma wollte ich nicht, das war zu meinem Glück auch gar nicht im Gespräch.

Bald stand also fest, dass ich in eine Pflegefamilie kommen würde, sobald das Jugendamt jemanden gefunden hatte, der für mich sorgen konnte. Meine Mutter war weiterhin kalt und distanziert wie immer.

Für mich allerdings brach eine Welt zusammen, denn trotz allem hing ich sehr an meiner Mutter. Es ist nicht leicht, dieses Gefühl für Außenstehende zu beschreiben. Ich fühlte mich hilflos, mir wurde angst und bange, wenn ich daran dachte, nicht mehr bei meiner Familie zu sein. Ich war machtlos, war ihnen ausgeliefert und nicht im Geringsten in der Lage, etwas dagegen zu tun. Ich wusste nicht, was auf mich zukam. Die Mitarbeiter des Jugendamts versuchten, mich darauf vorzubereiten, aber ich konnte es nicht verarbeiten. Alle Erklärungsversuche waren vergebens, ich verstand nicht, was los war, ich wollte nur, dass es aufhört, dieses Gefühl.

Meine Mutter wusste selbst nicht, wie sie damit umgehen sollte und konnte mir so auch nicht dabei helfen, mit meinen Emotionen umzugehen und sie zu deuten. Sie konnte mir nicht sagen, was genau passierte, keiner konnte das.

Nach dieser Entscheidung machten wir nichts Besonderes, meine Mutter ging normal in ihre Arbeit, ich ging in die Schule und war anschließend bei meiner Oma. Es war alles wie immer, nur fühlte ich mich noch viel schrecklicher als sonst.

Einige Tage später war es soweit, plötzlich ging alles sehr schnell, und mein Leben änderte sich schlagartig ...

- Kapitel 3 -

Es klingelte an der Tür. Es war ein regnerischer, kalter und stürmischer Tag im Februar. Ausnahmsweise war meine Mutter an diesem Tag sogar zu Hause. Ich spielte in meinem Zimmer mit meiner Lieblingspuppe. Meine Mutter war gerade im Wohnzimmer und telefonierte mit einer Freundin. Als es klingelte, hörte ich, wie sie den Hörer auflegte und zur Tür ging, um sie zu öffnen. Meine Zimmertür war immer einen Spalt geöffnet, und so konnte ich eine Männerstimme sprechen hören: »Frau Gallep, wir sind hier, um Ihre Tochter abzuholen, wir haben eine geeignete Pflegefamilie gefunden.«

Meine Mutter bat ihn herein: »Kommen Sie herein, sie ist in ihrem Zimmer.«

Der Mitarbeiter des Jugendamts kam herein. Er trug einen schicken Anzug und war ein sprichwörtlicher Schönling. Er sagte zu mir: »Hallo Judith, du weißt ja, dass wir eine Pflegefamilie für dich gesucht haben, die sich gut um dich kümmern. Jetzt haben wir eine nette Familie gefunden. Nun pack deine Sachen, du kommst gleich mit mir.«

Ich hörte ihm gar nicht mehr richtig zu, denn ich wusste schon, als ich ihn an der Tür gehört hatte, dass es nun so weit war. Es fühlte sich an, als würde sich ein Dolch durch mein Herz bohren, ich kann es nicht beschreiben. Obwohl ich wusste, was passieren würde, hatte ich trotzdem bis zuletzt gehofft, es sei nur ein schlimmer Traum.

Ich konnte nur noch verschwommen sehen, weil sich meine Augen plötzlich mit Tränen füllten. Ich wollte nicht weg. Ich war hier zu Hause, bei meiner Mutter und meiner Oma, bei meiner Familie.

Es dauerte dem netten Herrn wohl zu lange, und er forderte mich noch einmal auf: »Komm Judith, es ist Zeit. Sag auf Wiedersehen zu deiner Mutter, wir müssen jetzt los.«

Diese Worte schmerzten mich so sehr. Der Gedanke, jetzt wegzugehen und nicht mehr wiederzukommen, war für mich unerträglich. Ich fing an zu weinen und zu schreien: »Nein! Ich will nicht! Ich will hierbleiben!«

Doch meine Gefühle waren in diesem Moment für niemanden wichtig. Meine Mutter stand da wie angewurzelt, gab mir meinen Rucksack in die Hand, in den ich meine wichtigsten Kuscheltiere gepackt hatte, und drückte mir einen Kuss auf die Stirn. »Mach's gut, Judith, wir werden uns sicher bald wiedersehen.«

Der Sozialarbeiter nahm meine zwei großen Koffer und trug sie die Treppen hinunter. Ich weigerte mich zu gehen, also kam er die Treppen wieder hoch und zog mich am Arm mit sich. Meine Mutter schloss die Tür hinter mir. Meine Gefühle konnte ich nicht mehr zurückhalten, ich fühlte mich so hilflos und leer. Ich weinte die ganze Autofahrt über. Der Mitarbeiter des Jugendamts versuchte, mir gut zuzureden, mich zu beruhigen: »Judith, hör auf zu weinen. Du wirst gleich eine sehr nette Familie kennenlernen. Sie haben sogar eine Tochter, mit der wirst du dich bestimmt gut verstehen und viel Spaß haben.«

Irgendwann hörte ich auf zu weinen und starrte nur noch aus dem Fenster hinaus. Ich hoffte nur, wir würden nicht zu weit fahren, sodass ich bald wieder nach Hause konnte.

Gerade konnte ich im Vorbeifahren noch das Ortsschild von Nimburg lesen. Es ist ein kleines idyllisches Dorf, das zu Teningen gehört, das wusste ich. Es war nur ein paar Kilometer von Teningen entfernt, und da atmete ich schon zum ersten Mal auf, denn ich klammerte mich jetzt an jeden noch so kleinen Strohhalm. Ich war also Gott sei Dank nicht allzu weit entfernt von meinem tatsächlichen Zuhause. Nach dem Ortsschild fuhren wir vielleicht noch einige hundert Meter, dann hielt der Wagen neben einer Schule. Der Mann im Anzug stieg aus und öffnete mir die Tür. Wir gingen jedoch in Richtung des Hauses gleich neben der Schule. Wir mussten durch ein kleines Gartentor, über einen gepflasterten Weg, danach über zwei kleine Stufen und standen schon vor der Haustür. Er legte einen Arm auf meine Schulter und drückte die kleine, runde, goldene Klingel, unter der auf einem aus Ton gebrannten Schild »Familie Weber« stand.

Ein Mann und eine Frau öffneten gemeinsam die Tür. Er war groß und dunkelhaarig, sie dagegen war klein, zierlich und hatte schulterlange rote Haare. Zuerst stellte sich die Frau bei mir vor: »Hallo, du musst Judith sein. Ich bin Monika, deine neue Pflegemama.« Danach war der Mann an der Reihe: »Hallo Judith, ich bin Helmut«, sagte er kurz und knapp. Beide lächelten mich an, und ich versuchte zurückzulächeln, was mir aber nur schwer gelang. Ich brachte nur ein leises »Guten Tag« heraus.

Die beiden sahen auf den ersten Blick sehr nett aus, doch schon bald würde das nette Lächeln vorbei sein, und auf mich würden Dinge zukommen, auf die ich nicht vorbereitet war, aber dazu später mehr …

Sie baten uns also herein, und wir gingen durch den Flur ins Esszimmer, in dem ein großer runder Tisch stand. In der Mitte des Tisches stand eine durchsichtige Vase mit einem schönen Blumenstrauß darin. Monika brachte mich in ein anderes Zimmer und sagte: »Hier kannst du ein wenig spielen, solange sich die Erwachsenen noch unterhalten«, und schloss die Tür hinter sich.

Ich schaute mich ein wenig um. Alles war so anders, anders als zu Hause. Alle Möbel passten zusammen, es standen schon einige Spielsachen im Schrank und Kuscheltiere waren auf dem Bett drapiert. Es war alles sehr ordentlich, alles hatte seinen Platz. Ich dachte: »Das wird wohl mein Zimmer sein. Es riecht seltsam hier, den Geruch kenne ich nicht. Irgendwie riecht das ganze Haus so anders.«

Ich packte meinen Rucksack aus, den ich fest umklammert hielt, seit ich in das Auto des Sozialarbeiters eingestiegen war. Wenigstens hatte ich so ein paar Dinge, die mir vertraut waren.

Ich setzte mich auf den Boden und starrte zum Fenster hinaus. Die strahlend weißen Vorhänge hingen von oben herunter, und der Wind blies durch das gekippte Fenster herein. Durch das Fenster konnte ich auf den großen Kirschbaum sehen, der noch kahl von den Wintermonaten im Garten stand. Ich war traurig. Ich konnte nur an mein altes Zimmer denken, an meine Mutter und meine Oma.

Plötzlich riss mich ein leises Klopfen an der Tür aus meinen Gedanken. Die Tür öffnete sich einen Spalt und ein kleines blondes Mädchen streckte zögerlich ihren Kopf herein.

»Darf ich reinkommen?«, fragte sie zaghaft.

Ich nickte, immer noch traurig, und sie kam herein.

»Ich bin Christine, und wer bist du?«, fragte sie mit einer lieben, hohen Stimme.

»Ich bin Judith.«

Sie war ein paar Jahre jünger als ich, aber ich war trotzdem froh, nicht völlig allein zu sein.

Sie fing an, fröhlich mit mir zu reden: »Sieh mal, meine Mama hat schon Spielsachen für dich gekauft und das Bett für dich frisch bezogen. Wollen wir zusammen spielen?«

Ich antwortete: »Ja ich würde sehr gerne ein wenig spielen«, lächelte ihr zu und hoffte, mich so ein wenig von meinem Kummer ablenken zu können.

Sicher eine Stunde verging, bis der Mitarbeiter des Jugendamts hereinkam, um sich zu verabschieden. Er klopfte nicht einmal an und stellte meine Koffer vor mein Bett auf den hellen Teppichboden.

Er sagte: »So Judith, nun kannst du dich ein wenig eingewöhnen, und wir sehen uns bald wieder. Auf Wiedersehen.«

Danach ging er wieder durch den Garten nach draußen zu seinem protzigen Auto und fuhr davon.

Still und leise murmelte ich vor mich hin: »Das war's also, nun muss ich hierbleiben, ob ich möchte oder nicht.«

Wieder kullerte mir eine Träne herunter. Schnell leckte ich mir meine salzige Träne von der Lippe, in der Hoffnung, dass es niemand gesehen hatte.

Den restlichen Tag verbrachte ich mit Christine. Wir spielten den ganzen Tag, bis wir zum Abendessen gerufen wurden. Der Tisch war bereits gedeckt, und es roch köstlich nach Fleischbällchen. Der Topf auf dem Tisch dampfte, und ich hatte schon riesigen Hunger.

Während wir aßen, waren alle sehr still. Die Stimmung war angespannt, denn niemand wusste, wie man sich in so einer Situation verhielt. Nach dem Essen mussten wir Kinder uns bettfertig machen, putzten unsere Zähne und gingen danach ins Bett.

Ich wollte immer, dass die Tür einen Spalt geöffnet blieb, wie bei meiner Mutter zu Hause.

An diesem ersten Abend in dem großen, neuen und ungewohnten Haus lag ich noch lange wach. Ich weinte und war sehr traurig, dachte wieder an die Tochter Christine, mit der ich heute gespielt hatte, was ich eigentlich sehr schön fand. Trotzdem konnte es meine tiefe Trauer nicht überdecken. Meine Gedanken kreisten wild umher. Außerdem konnte ich hören, wie die beiden Erwachsenen, Monika und Helmut, laut diskutierten. Sie versuchten, leise zu sein, was ihnen aber nicht gelang. Vielleicht dachten sie nicht daran, dass meine Tür geöffnet war. Ich konnte nicht genau hören, worum es ging, jedoch war es offensichtlich, dass sie sich bei irgendetwas nicht einig waren, und ich vermutete, es ging um mich.

Als ich einschlief, muss es schon spät nachts gewesen sein, denn als ich am Morgen geweckt wurde, war ich todmüde und erschöpft von den Ereignissen am Vortag.

Ich konnte immer noch nicht glauben, dass ich von jetzt an hier wohnen sollte. Ich war tief verletzt, herausgerissen aus meinem gewohnten Umfeld, weg von meiner Oma und meiner Mutter und umgeben von fremden Menschen, die jetzt meine Familie sein sollten.

Über mich wurde seitens des Jugendamts schon einiges berichtet, das stand fest. Meine Mutter war alleinerziehend und hatte wenig Zeit für mich. Sie ließ mich schon früh allein zu Hause, und ich war sowieso das Mädchen aus den schlechtesten Familienverhältnissen, was sich auch in den Schulnoten widerspiegelte.

Monika und Helmut waren beide Lehrer in der Schule nebenan. Christine ging noch in den Kindergarten. Wobei man sagen muss, dass sie nicht gerne hinging, denn die Erzieherinnen hatten ständig Probleme mit ihrer Mutter, denn anscheinend konnte man es ihr auch dort nie recht machen.

Ich schützte mich und mein Inneres so gut es ging. Ich konnte mich fremden Menschen nicht völlig öffnen, konnte niemandem vertrauen.

Ich wollte nur nach Hause. Oft sagte ich zur Pflegemutter: »Lass mich zurück zu meiner Mutter, ich will sie sehen!« Doch schon das Jugendamt hatte gesagt, ich bräuchte eine gewisse Eingewöhnungszeit. Ein zu früher Kontakt zu meiner Mutter würde mich nur noch mehr durcheinanderbringen, was ich absolut nicht nachvollziehen konnte. Wie konnte es sein, dass fremde Menschen besser wussten, was ich brauchte, als ich selbst? Es war für mich unerklärlich, wie jemand in diesem Ausmaß über das Leben anderer bestimmen konnte.

Doch auch mir zeigte Monika bald ihr wahres Gesicht. Die ersten paar Tage hatte ich noch eine gewisse Schonfrist, aber nach der ersten Woche musste ich schon alle Regeln befolgen, die es in der Familie gab. Dann kamen auch noch jene dazu, die nur für mich aufgestellt wurden.

Als ich zur Familie Weber kam, war ich nach wie vor ein wenig pummelig. Wie Ihr wisst, war ich dem Essen sehr zugetan, darin fand ich oft Zuflucht, wenn es mir schlecht ging. Daher fing meine Kleidung schon langsam an zu spannen. Meinen runden Bauch konnte ich nun mit keiner Bluse, mit keinem Kleid mehr verbergen. Das war meiner Pflegemutter von Anfang an ein Dorn im Auge. Wie ich viele Jahre später erfuhr, hatte sie schon mit sich zu kämpfen, um über mein rechtes, blindes Auge hinwegzusehen. Vielleicht versuchte sie sogar, es sich nicht anmerken zu lassen, ließ mich aber immer spüren, dass ich nicht gut genug war.

Von oben herab sagte sie zu mir: »Nun Judith, du wirst ab heute einem Diätplan folgen, den ich nur für dich zusammengestellt habe. Vielleicht schaffst du es so, deine offensichtlich überschüssigen Pfunde loszuwerden.«

Ich sah ihr an, wie schrecklich sie es fand, wie sie mich dadurch noch mehr abwertete, als sie es schon wegen meiner Herkunft tat.

Aber nicht nur mein Gewicht war für sie untragbar. Sie als Lehrerin konnte es sich natürlich nicht leisten, ein Kind mit einem derart schlechten Zeugnis zu haben. Was würden da ihre Kollegen, Freunde und Nachbarn über sie denken? Also zwang sie mich jeden Tag zu lernen.

Es dauerte nicht lange, bis erste Erfolge zu sehen waren. Meine Noten in der Schule wurden besser. Wie es dazu kam, war in diesem Fall nicht relevant.

Baden-Württemberg

Grundschule Nimburg
Schule

ZEUGNIS DER GRUNDSCHULE

Klasse **2**   Schuljahr 19 **75/76**   1. Schulhalbjahr

Vor- und Zuname *Judith Galler*

Verhalten   *sehr gut*
Mitarbeit   *befriedigend*

Leistungen in den Einzelfächern

Religionslehre	*gut*	Sport	*gut*
Deutsch	*befr.*	Musik	*gut*
Sachunterricht	*befr.*	Bildende Kunst	*befr.*
Mathematik	*teils gut / teils befried.*	Textiles Werken	

Bemerkungen

Datum *20. 12. 75*

Ich war schlichtweg machtlos in meiner aus meiner Sicht schlimmen Situation. Ich musste sämtliche Regeln auswendig lernen und strikt befolgen, musste jeden Tag stundenlang in meinem Zimmer eingesperrt lernen und durfte nichts essen, was ich gerne mochte. So vergingen einige Wochen, und ich zählte schon die Tage, bis ich meine Familie endlich wiedersehen durfte. Ich denke, es lagen mindestens sechs Wochen zwischen meiner Inobhutnahme und dem Wiedersehen mit meiner Mutter.

Zwischen dem Jugendamt, den Pflegeeltern und meiner Mutter war vermutlich schon vorher eine Vereinbarung getroffen worden, wie die Besuche ablaufen sollten, doch davon wusste ich zu dieser Zeit nichts. Ich wusste nur, dass ich sie nicht sehen durfte.

Die ersten Wochen danach durfte ich nur alle 14 Tage für einige Stunden zu meiner Mutter oder auch zu meiner Oma, je nachdem, ob meine Mutter arbeiten musste oder nicht.

Ein paar Wochen später war es endlich so weit, und ich durfte alle vierzehn Tage das Wochenende zu Hause verbringen, sogar mit Übernachtungen.

Jedes Mal, wenn mich Monika zu meiner richtigen Familie fuhr, freute ich mich. Als ich meine geliebte Oma Lisbeth nach so langer Zeit wiedersah, fiel ich ihr um den Hals, fing an zu weinen und wollte sie am liebsten nie wieder loslassen.

Ich freute mich sogar darüber, wenn ich bei meiner Mutter sein durfte. Egal, was alles vorgefallen war, ich hing sehr an ihr. Sie war meine Mutter, und Kinder lieben ihre leiblichen Eltern bedingungslos, egal, wie sie behandelt wurden. Sie sind mit ihnen verbunden.

Ich schlief also nach wie vor an den Wochenenden, an denen ich in Teningen war, in meinem Zimmer, in dem sich seit meinem Auszug nicht viel verändert hatte. Es blieb alles, wie es war, nur einige Spielsachen, die ich in die neue Familie mitgenommen hatte, fehlten. Schon wenn ich zur Haustür hereinkam, war da dieser vertraute Geruch, den ich sehr mochte und den ich schon mein Leben lang kannte. Es war mir alles so vertraut, es fühlte sich gut an, es fühlte sich nach meiner Heimat an, und hier wollte ich bleiben. Doch immer wieder wurde ich aus meiner Umgebung herausgerissen und musste zurück nach Nimburg, zur Familie Weber.

An einem der ersten Wochenenden, an denen ich zu Hause übernachten durfte, lud uns meine Oma zum Essen ein. An diesem Sonntag machte sie nur für mich ihre weltbesten Maultaschen. Nur sie konnte sie richtig zubereiten, sie schmeckten einfach köstlich. Ich durfte davon essen, soviel ich wollte. Ich durfte Limonade trinken, und danach gab es noch einen himmlischen Nachtisch, ein kleines Apfelküchlein mit Sahne.

Da ich bei Familie Weber die ganze Woche über kaum etwas essen durfte, aß ich so viel, dass ich fast geplatzt wäre. Meine Oma freute sich jedes Mal, wenn sie sah, wie sehr mir ihr Essen schmeckte. Sie wollte mir etwas Gutes tun und sich um mich kümmern. Als wir fertig gegessen hatten, war es schon sehr spät geworden. Wir saßen noch ein wenig auf dem Sofa, und ich erzählte von meinem neuen Wohnort und der Familie: »Oma, ich will dort nicht mehr hin. Diese Frau ist so streng, ich darf nie essen, was ich möchte. Sie sagt, ich bin zu dick. Außerdem muss ich den ganzen Tag lernen. Das einzig Gute daran ist Christine, ihre Tochter. Und der Pflegevater ist auch sehr nett. Aber ich will bei euch bleiben, ich will nach Hause.«

Meine Oma nahm mich in den Arm und sagte: »Momentan geht es noch nicht. Das Jugendamt sagt, deine Mutter braucht einen Mann und geregelte Arbeitszeiten, dann darfst du wieder zu uns kommen. Gedulde dich noch ein wenig.«

Wie so oft konnte ich meine Tränen nicht mehr zurückhalten. Ich hatte einen solchen Schmerz in mir, den ich nicht verdrängen konnte, egal, was ich tat oder wie viel ich aß. Bald danach war es so weit. Das Wochenende war vorbei, und ich musste wieder Abschied nehmen, ob ich wollte oder nicht.

Meistens holte mich Monika ab. Ich wollte nicht mit ihr mit, ich wollte nur bei meiner richtigen, meiner echten Familie bleiben. Ich weinte und ich schrie: »Ich will nicht mit dir mit! Ich bleibe hier!«

»Das geht nicht, das weißt du doch. Komm jetzt, wir sind spät dran«, antwortete sie, ohne eine Miene zu verziehen. Es schien ihr egal zu sein, wie es mir dabei ging. Sie war weder einfühlsam, noch versuchte sie, mich zu verstehen.

»Du bist so gemein!«, schrie ich und wollte davonlaufen. Doch sie konnte mich gerade noch an meinem Pullover greifen und schob mich einfach in ihr Auto hinein.

Zurück in Nimburg wollte ich nur allein sein, wollte in mein Zimmer gehen und niemanden mehr sehen, doch so einfach ging das nicht. Ich wurde gezwungen, noch ein Butterbrot zu essen, obwohl ich schon so voll war, dass ich keinen Bissen mehr hinunterbrachte. Sie wusste genau, dass ich sowieso zu viel gegessen hatte. Ich flehte sie an: »Bitte nicht, ich kann nicht mehr. Mein Bauch ist schon so voll.«

Alles Bitten half nichts, ich musste so lange am Esstisch sitzen bleiben, bis ich das Butterbrot aufgegessen hatte. Schon beim ersten Bissen merkte ich, wie es mir im Hals stecken blieb. Ich versuchte alles, um das Brot hinunterzuwürgen, doch die Übelkeit wurde immer schlimmer, und mein Magen zog sich zusammen. Er war einfach voll, es passte nichts mehr hinein. Bald konnte ich es nicht mehr zurückhalten und übergab mich auf den Teppichboden.

Das brachte Monika völlig aus der Fassung. Sie verpasste mir eine Ohrfeige und schrie mich an: »Sieh nur, was du getan hast. Das ist abscheulich, sieh zu, dass du es sofort sauber machst, Fräulein. Und wenn du fertig bist, gehst du in dein Zimmer!«

Ich holte den Eimer und einen Lappen aus der Abstellkammer, ließ heißes Wasser hineinlaufen und versuchte, mein Erbrochenes wieder aus dem Teppich zu bekommen. Bei dem Geruch wurde mir wieder schlecht und fast hätte ich noch einmal erbrechen müssen. Ich konnte es gerade noch zurückhalten und schluckte die kleinen Stücke, die ich schon im Mund hatte, wieder herunter.

Danach rannte ich ins Badezimmer und putzte mir die Zähne, um diesen ekelerregenden Geschmack aus meinem Mund wieder herauszubekommen. Ich benutzte sogar die scharfe Mundspülung meines Pflegevaters Helmut.

Als ich endlich fertig war, ging ich in mein Zimmer und legte mich in mein Bett. Mir war hundeelend. Nicht nur, weil ich erbrochen hatte, nein. Die Tatsache, dass ich mich so vollgegessen hatte, weil ich hier von Monika auf so eine strenge Diät gesetzt worden war, und sie mich danach noch gezwungen hatte, ein Butterbrot zu essen. Sie wusste, dass ich nicht mehr konnte, aber das war ihr egal. Ich musste das Brot essen, damit sie ihren Frieden hatte, damit sie mich leiden sah. An solchen Tagen war mein Heimweh besonders schlimm. Ich war so unendlich einsam, war verzweifelt und zog mich nur noch zurück.

Und das war leider kein Einzelfall. Die Zeit verging, und ich fuhr mit den Webers nach Freiburg zu ihrem

Zahnarzt, Herrn Möller, der auch ein guter Freund der Familie war. Er hatte eine hübsche Frau, die Friederike hieß, und zwei Töchter, die von meinen Pflegeeltern unterrichtet wurden. So wurde der Kontakt enger, und es entstand eine tiefe Freundschaft. Wir waren oft dort, oder sie waren bei uns zu Besuch. Wir unternahmen viel zusammen und verbrachten viel Zeit miteinander. Christine und ich verstanden uns auch sehr gut mit ihren Töchtern, obwohl sie schon ein wenig älter waren als wir. Helmut verstand sich auch sehr gut mit Friederike. Sogar so gut, dass ich mit meinen zehn Jahren dachte, er hätte eine Affäre mit ihr. Und wie sich bald herausstellen sollte, hatte nicht nur ich diesen Gedanken ...

Doch dieses Mal waren wir wegen meiner Zähne dort. Sie waren ein wenig schief gewachsen und hatten nicht genug Platz. Also entschieden Monika und Helmut, dass ich eine Zahnspange brauchte. Ich war davon nicht sehr begeistert, denn das war ein Grund mehr, um Gesprächsthema in der Schule zu sein, als hätten mein blindes Auge und meine Familiengeschichte noch nicht ausgereicht.

Am Freitag nach dem Termin bekam ich schon meine Zahnspange. Danach durfte ich wieder übers Wochenende zu meiner Mutter. Immer noch fiel mir der Abschied sehr schwer, doch ich musste wieder gehen, und am Montag danach musste ich wieder in die Schule.

An diesem Tag gab es ein Fest in der Schule. Der Direktor kam in unsere Klasse und forderte mich auf, mit ihm zu kommen. Er wusste wohl, dass ich gut singen konnte. Es war hoher Besuch im Zimmer des Rektors. Ich sollte ein Lied singen, das ich im Schlaf beherrschte. Ich trug mein Stück vor und alle Anwesenden waren begeistert. Als Belohnung bekam ich ein großes Stück Schwarzwälder-Kirsch-Torte. Ich freute mich natürlich, denn das war meine absolute Lieblingstorte. Alle Lehrer an der Schule, nicht nur der Schulrektor, wussten, dass ich nichts Süßes essen durfte. Sie machten sich wohl einen Spaß daraus, das war mir aber egal. Ich ließ mir das Stück Torte schmecken, denn das hatte ich mir wohl verdient, nichtsahnend, was mich zu Hause erwartete.

Zum Frühstück bekam ich jeden Tag diesen grausigen Haferschleim und durfte erst wieder etwas essen, wenn ich zu Hause war. Meistens bestand mein Mittagessen aus Gemüse und ein wenig Fisch, was ich überhaupt nicht mochte. Umso mehr freute ich mich an diesem Tag über das Stück Torte.

Doch als ich an besagtem Montag nach der Schule zur Tür hereinkam, stand Monika schon da, um mich zu kontrollieren.

»Mund auf!«, sagte sie, griff mir fest mit der einen Hand an mein Kinn, mit der anderen an meinen Hinterkopf.

»Hast du etwa heimlich etwas gegessen?«, fragte sie mich mit erhobener Stimme.

Bewusst log ich sie an: »Nein, natürlich nicht?«, denn ich wollte keinen Ärger bekommen.

Sie wurde wütend und schrie: »Du kleine Lügnerin, ich sehe genau die Essensreste in deiner Spange. Geh und putz sie dir heraus, das war dein letztes Essen für heute!«

Nachdem ich meine Zähne von den Essensresten befreit hatte, holte sie mich zu sich ins Schlafzimmer. Sie stellte mich auf ihr Ehebett und befahl mir: »Zieh dich aus. Jetzt wirst du sehen, wie du aussiehst!«

Ich verstand in diesem Moment nicht, was vor sich ging, aber natürlich tat ich, was sie von mir verlangte. Ich stand oben auf dem Bett und zog Stück für Stück meine Kleidung aus. Ich schämte mich und wollte nicht nackt vor Monika sein. Sie war immer noch eine böse fremde Frau für mich.

Sie zog eine Kamera aus dem Nachttisch, fing an, mich zu fotografieren und sagte böse und herablassend: »Und nun dreh dich zur Seite, damit du siehst, wie dick du eigentlich bist. Vielleicht begreifst du dann, dass es hässlich ist, wenn man so dick ist!«

Ich war wie erstarrt und ließ die Prozedur über mich ergehen. Wieder war ich dieser Frau hilflos ausgeliefert, was sollte ich schon machen. Auf jeden Widerstand folgte die nächste Bestrafung.

Papa Helmut, so nannte ich ihn nach einiger Zeit, war in gewisser Weise nur Monikas Handlanger. Er war für mich der Gute in der ganzen Geschichte und selbst Opfer von Monikas herrschsüchtiger und einschüchternder Art. Er liebte sie, oder glaubte das zumindest, und war daher nicht fähig, etwas gegen ihr Handeln zu unternehmen, also nahm er es hin. Ich hörte oft, wie die beiden diskutierten, denn ab und an brach es auch aus ihm heraus, und er stellte sich gegen sie. Doch am Ende gewann immer sie, und er ließ sich wieder in ihren Bann ziehen.

Als sie fertig war und alle Fotos hatte, die sie wollte, schickte sie mich wieder in mein Zimmer, damit ich lernen konnte. Herauskommen durfte ich an diesem Tag nicht mehr. Die Fotos legte sie mir einige Tage später vor, als sie entwickelt waren.

Sie schaute mich fragend und mit blitzenden Augen an: »Siehst du, wie dick du bist? Vielleicht belügt dich schon dein eigenes Spiegelbild, aber auf diesen Fotos musst du es erkennen, es ist nicht zu übersehen! Du kannst die Fotos behalten, vielleicht siehst du sie dir beim nächsten Mal an, bevor du wieder heimlich etwas in dich hineinstopfst!«

Solche Situationen kamen sehr oft vor. Ich wurde kontrolliert, und wenn es nicht funktionierte und ich nicht gehorchte, wurde ich bloßgestellt und erniedrigt. Ich wurde auf eine strenge Diät gesetzt, die im Übrigen völlig haltlos war. Hätte ich mich an diese Diät gehalten, wäre ich vermutlich unterernährt gewesen, so wenige Kalorien hatte sie für mich vorgesehen. Sie wollte alles in ihrer Macht Stehende tun, damit ich zumindest in der Hinsicht ihren Vorstellungen entsprach.

Doch trotz der strengen Kontrolle fand ich immer wieder einen Weg, sie zu umgehen.

Ich meine, mich zu erinnern, dass es das zweite Oster-
fest war, das ich bei der Lehrerfamilie verbrachte. Ich
hatte Schulferien und wurde trotzdem am Morgen geweckt. Das war eine der vielen Regeln, die es bei uns
gab. Wie heißt es so schön: Der frühe Vogel fängt den
Wurm. An diesem Tag war ich aber sogar froh darum
und wollte nicht einmal ein Frühstück, denn ich wusste, es würde ein Osternestchen geben. Ich wartete
noch, bis sich Christine ihre Schuhe angezogen hatte,
und dann liefen wir gemeinsam nach draußen in den
Garten, um zu suchen. Ich zog mir nicht einmal mehr
eine Jacke über, obwohl es noch tierisch kalt war so
früh am Morgen. Wir machten uns auf die Suche und
hatten unsere Nestchen schon bald gefunden. Es lag
immer das Gleiche darin: einige kleine, runde Schoko-
ladeneier, ein Schokoladenhase und 5 DM. Ich machte
mich natürlich sofort über meinen Schokoladenhasen
her und hatte ihn ruck zuck aufgegessen. Bei Christine
war das anders. Sie war schon immer sehr schlank und
hatte noch nie eine Vorliebe für Süßes. In einem unbeobachteten Augenblick ergriff ich meine Chance. Ich
packte ihren Schokoladenhasen aus und biss von unten
ein großes Stück ab. Danach versuchte ich, ihn so gut es
ging, wieder einzupacken, in der Hoffnung, mein kleiner Diebstahl bliebe unbemerkt.

Doch es dauerte nicht lange, da kam Monika in mein
Zimmer gestürmt. Entweder hatte sie es selbst bemerkt,
oder Christine hatte es ihr gesagt. Die Bestrafung folgte

zugleich und ich bekam eine Ohrfeige, gefolgt von einer minutenlangen Moralpredigt: »Sag mal, was denkst du dir dabei? Hast du denn noch nichts gelernt, seit du bei uns bist? Da sieht man mal wieder, wo du eigentlich herkommst. Keine Erziehung, kein Anstand, rein gar nichts. Nur Lügen und Betrügen. Ihr habt beide das Gleiche bekommen, und du freche Göre erlaubst es dir, auch noch an Christines Nestchen zu gehen? Als wärst du nicht schon dick genug, nein, da musst du dir noch mehr Schokolade in deinen dicken Bauch stopfen, damit er noch größer wird. Ich bin erschüttert, und das wird sicher Konsequenzen für dich haben! Du solltest dich was schämen!«, und so ging es noch ewig weiter.

Irgendwann hörte ich Monika gar nicht mehr zu. Ich konnte es ihr sowieso nicht recht machen, egal, was ich tat. Also tat ich einfach weiter, was ich wollte, obwohl ich mir der Konsequenzen bewusst war.

Man kann sagen, dass ich schon ein freches Kind war, aber diese vielen Regeln und Verbote machten es nicht besser.

Wegen ihr war alles Essen, das mir verboten wurde, eine noch größere Versuchung für mich. An den 14-tägigen Wochenenden, an denen ich zu Hause bei meiner Mutter war, stopfte ich mich jedes Mal so voll, dass noch am Tag danach mein Bauch schmerzte.

Bei Familie Weber versuchte ich auch immer wieder, an das zu kommen, was ich wollte. Unten im Keller lagerte die selbstgemachte Erdbeermarmelade. Ich schlich mich die Treppen hinunter und löffelte aus einem der Gläser das zuckersüße Gelee heraus. Ein Glas war schnell halb leer, denn wenn ich einmal angefangen hatte zu essen, konnte ich einfach nicht mehr aufhören. Also musste ich mir etwas einfallen lassen, um zu verhindern, dass es jemandem auffiel. Ich holte also ein Glas Wasser und schüttete so viel Wasser hinein, wie ich Marmelade herausgegessen hatte, verschloss das Glas wieder und stellte es genauso hin, wie ich es vorgefunden hatte.

Ich wog mich in Sicherheit und dachte, es werde alles gutgehen, doch wie sich herausstellte, funktionierte mein Plan nur, bis das nächste Glas Marmelade geholt wurde. Natürlich fiel auf, dass es mit Wasser aufgefüllt worden war. Und als Monika mich anschaute, verriet mich schon mein Gesichtsausdruck, wie immer, wenn ich etwas angestellt hatte. Ich war einfach keine gute Lügnerin, auch wenn meine Ideen, um das alles zu verbergen, gar nicht so schlecht waren. Dieses Mal bekam ich sogar von Helmut eine Ohrfeige. Es tat weh, aber ein paar Minuten später hatte ich den Schmerz auf meiner Wange wieder vergessen und überlegte mir schon meine nächste Aktion.

Genau wie mit den Marmeladengläsern machte ich es auch mit dem Tomatenketchup. Ich liebte den Geschmack, durfte ihn aber nur zu den seltensten Anlässen essen. Laut Monika enthielt er zu viel Zucker.

»Deinen Zuckerkonsum müssen wir auf ein Minimum reduzieren, sonst bringt die Diät nichts. Ketchup kannst du dir nicht leisten bei deinem Gewicht.«

Es gab keine Chance, doch noch die Erlaubnis zu bekommen, also wartete ich, bis ich unbemerkt in die Küche gehen konnte, und nahm einen kräftigen Schluck von dem Ketchup und füllte ihn danach wieder mit Wasser auf. Doch auch das blieb nicht lange unbemerkt.

Diese Versuche, mein Handeln zu verbergen, handelten mir eine Menge Ärger ein. Ich bekam einige Ohrfeigen, entweder von Monika oder von Helmut, und die verschiedensten Strafen. Entweder war ich stundenlang in meinem Zimmer eingesperrt, um nachzudenken, oder musste hunderte Male den gleichen Satz auf ein Blatt Papier schreiben. Sehr beliebt war auch der Essensentzug, der sowieso auf dem täglichen Plan stand und als Strafe für meine Taten weiter verschärft wurde. Trotzdem versuche ich immer wieder, aus diesem »Gefängnis voller Regeln und Verbote«, was es für mich war, zu fliehen.

Sogar, wenn ich mit Christine zusammen spielte, fand Monika etwas, was sie störte. Natürlich machten wir Unordnung, wie Kinder es eben tun, wenn sie spielen. Man würde meinen, Eltern freuen sich, wenn sich ihre Kinder miteinander beschäftigen und es keinen Streit gibt.

Wir hatten eine blühende Fantasie und mischten alle Spielsachen durcheinander. So erschufen wir uns die schönsten Traumwelten. Oder aber, wir verkleideten uns und schminkten uns heimlich und waren die schönsten Feen oder Prinzessinnen. Wenn es draußen warm war, spielten wir liebend gerne im Garten. Wir nahmen uns eine Schüssel mit Wasser aus dem Haus, mischten ein bisschen Erde dazu und taten so, als würden wir das leckerste Gericht der Welt daraus kochen.

Selbst solchen harmonischen Spielen konnte Monika nicht lange zusehen, bis es wieder anfing, in ihr zu brodeln. Ich vermute, ich allein war ihr Problem. Hinter allem, was ich tat und was nicht in ihr Konzept der perfekten Familie passte, sah sie etwas Böses, etwas Verwerfliches aus meiner Vergangenheit. Sie musste verhindern, dass es auf sie überschwappte. Irgendwann musste sogar Christine ihre absurden Strafen ertragen, wenn wir beim Spielen zu viel Unordnung machten. Immer wieder kam ihre Boshaftigkeit zum Vorschein, die sie bald auch vor ihrer eigenen Tochter nicht mehr verbergen konnte.

Eines Tages fing mein Po an zu jucken, meistens am Abend. Einige Tage konnte ich es aushalten, aber irgendwann kitzelte es so sehr, dass ich es meinen Pflegeeltern sagen musste. Obwohl ich mich sehr schämte, ging ich zu Monika. Sie tat es als Spinnerei ab und sagte, ich solle mich nur ordentlich waschen. Doch obwohl ich mich so gründlich und lange wusch wie noch nie, blieb es unerträglich.

Eines Morgens sah ich in meinem Stuhl kleine, weiße Fäden. Ich erschrak, und wieder lief ich zu Monika. Ich zeigte ihr, was ich entdeckt hatte, und sah ihr an, wie es sie anekelte. Sie fuhr mit mir zum Arzt, schließlich wollte sie nicht, dass ich noch jemanden anstecke. Ich bekam eine Tablette, und schon einen Tag später war der Spuk wieder vorbei. Vermutlich hatte ich mir nach unserem Spiel mit der Gartenerde nicht gründlich genug die Finger gewaschen und Wurmeier aufgenommen, die dort in der Erde waren. Auch dafür bekam ich von Monika wieder eine Strafe. Sie ließ mich wochenlang nicht mehr im Garten spielen und sagte mir täglich, dass nur ich mir das eingefangen hätte, weil ich so dreckig sei und mich nicht wusch, was natürlich nicht stimmte.

Es war für sie wieder ein gefundenes Fressen, um meinen Selbstwert so klein wie möglich zu halten, denn ihrer Meinung nach war ich schlechter, schlimmer und dümmer als alle anderen. Und diese Ansicht verbarg sie vor niemandem, nicht vor Helmut und nicht vor Christine.

Papa Helmut dagegen war oft den ganzen Tag in seinem Arbeitszimmer. Er hielt sich, so gut es ging aus allem raus und versuchte, irgendwie die Balance zu finden zwischen der Liebe zu seiner Frau und der Verantwortung uns Kindern gegenüber. Vielleicht konnte er sich mit seiner stundenlangen Arbeit an der Schreibmaschine gut ablenken oder besonders gut nachdenken. Oder er war froh, dass er Zeit für sich hatte. Oft hörte man nur das schnelle Tastenschlagen auf der Schreibmaschine aus seinem Arbeitszimmer dringen. Er war Weltmeister im Schreiben, obwohl er nur mit dem Zwei-Finger-System arbeitete. Manchmal durften wir ihm dabei über die Schulter sehen und bewunderten, wie schnell er alles aufs Papier brachte.

Im Gegensatz zu Monika mochte ich Helmut. Ich erkannte, dass alles Böse, das hier passierte, nicht von ihm ausging und er nur das tat, was Monika von ihm verlangte.

Monika hatte nur sehr selten einen guten Tag. Ich kann mich noch daran erinnern, dass wir oft in Freiburg waren. Dort lebten ihre Mutter und ihr Vater Siegfried. Die beiden waren schon längere Zeit geschieden, und er lebte mit seiner neuen Ehefrau Margret zusammen.

Zur Fastnacht in Freiburg waren wir alle bei Frau Lindgrün, ihrer leiblicher Mutter, zu Besuch, die in der Karlstraße 3 wohnte. Wir mussten durch den Durchgang zum Himmelreichssaal der Zeugen Jehovas gehen, um vom Hinterhof aus zur Wohnung zu gelangen, die im 2. oder im 3. Stock lag.

Ich liebte es, mich zu verkleiden, und durfte an diesem Tag ein rosarotes Prinzessinnenkostüm tragen. Ich zog es am Morgen an und erst am Abend, bevor ich ins Bett ging, wieder aus. Natürlich war Christine auch dabei. Ich meine mich zu erinnern, dass sie auch als Prinzessin verkleidet war. Es war unser beider Lieblingskostüm. Wir marschierten also von Frau Lindgrüns Wohnung aus über die Straßen hinunter in die Innenstadt, wo alle Narren versammelt waren. Es war ein riesiger

Umzug mit den verschiedensten Umzugswägen und Verkleidungen. In der Innenstadt war eine große Festhalle mit einer Bühne. Singen war schon als Kind meine große Leidenschaft, und an diesem Tag durfte ich sogar auf die große Bühne, um ein Lied vorzutragen. Ich bekam tosenden Applaus, denn ich konnte dieses Lied in- und auswendig. Es war das gleiche Lied, das ich in der Schule gesungen hatte, als der Schuldirektor hohen Besuch bekam. Ich war sehr stolz und strahlte wie ein Honigkuchenpferd, als ich zur Belohnung auch noch eine Tafel Schokolade geschenkt bekam.

Der Tag war voller schöner Erlebnisse, und wir hatten einen Riesenspaß, vor allem, weil wir den ganzen Tag lang Prinzessinnen sein durften. Auch Monika war ausnahmsweise guter Stimmung und mit ihrer Mutter beschäftigt, die ihr viel zu erzählen hatte. Sie hatten sich schon einige Zeit nicht mehr gesehen und hatten viel Gesprächsstoff, um sich auszutauschen. So konnte sie nicht auf mich und auf das, was ich tat, achten, worüber ich ganz froh war.

Als wir wieder zu Hause ankamen, war es schon lange dunkel, und wir waren so erschöpft, dass wir nur noch ins Bett fielen und sofort einschliefen.

Schon eine Woche später war der Alltag zurück. Die Ferien waren vorbei, die Schule ging weiter und damit auch das tägliche stundenlange Lernen. Dazu kam meine immer weiter andauernde Diät, die kein Ende finden wollte.

Meine Noten verbesserten sich stetig, und ich hatte das ganze Jahr über einen guten Durchschnitt. Doch das Thema Essen beschäftigte mich nach wie vor, und ich überlegte mir ständig wieder etwas Neues, um meinen Magen zu füllen.

Als in der großen 20-Minuten- Pause alle Kinder schon aus dem Klassenzimmer gelaufen waren, fing ich an zu suchen. Ich suchte alles ab, wo es etwas hätte geben können. Ich durchsuchte alle Schreibtische meiner Mitschüler, ja sogar den Schreibtisch des Lehrers, um etwas zu finden. Mein Magen zog sich schon zusammen und gluckerte vor Hunger. Als ich dort nichts fand, fing ich sogar an, die Mülleimer auf dem Schulgelände abzusuchen. Endlich fand ich eine halbe Scheibe Brot. Es war sogar noch etwas Käse darauf. Ich versteckte mich in einer Ecke, damit mich niemand sah und es am Ende noch meinen Pflegeeltern erzählte. Dieses Mal hatte ich Glück. Niemand sah mich, und auch Monika fand es nicht heraus. Vermutlich hat sie auch nie herausgefunden, dass ich ab und an ihr Portemonnaie durchsuchte und mir ein paar Pfennige herausnahm, um mir in dem kleinen Laden in der Nähe der Schule etwas Süßes zu kaufen. Es war jedoch eine Seltenheit, dass meine Schandtaten nicht aufflogen.

Die Zeit verging rasend schnell, und nun waren schon über zwei Jahre vergangen, seit ich zur Lehrerfamilie gekommen war. Christine wurde nun eingeschult, und ich kam schon bald in die 4. Klasse.

Dieses Wochenende verbrachte ich wieder zu Hause bei meiner Mutter. Es war ein heißer Sommertag, und ich fuhr gerade mit dem Fahrrad auf der Landstraße in Richtung Denzlingen, wo ich eine Freundin besuchen wollte. Plötzlich fühlte sich mein Kopf merkwürdig an. Ich sah viele kleine weiße Punkte vor meinen Augen, alle Geräusche um mich herum hörten sich dumpf an und waren plötzlich sehr weit entfernt. Ich merkte noch, wie mir das Blut aus dem Kopf sackte, dann wurde ich ohnmächtig.

Aufgewacht bin ich erst wieder in meinem Bett, bei meiner Mutter in meinem Zimmer. Es lag auf der Hand, warum ich ohnmächtig geworden war. Die extreme Diät, auf die mich Monika gesetzt hatte, war einfach zu viel. Besser gesagt, ich nahm zu wenig Nahrung auf. Ich führte meinem Körper viel zu wenig an Kalorien zu und war so stark im Defizit, dass mein Körper schwach geworden war. Dazu noch die Hitze und die pralle Sonne, was schlussendlich zu viel war. Für meinen Körper und für mich.

Ich lag also in meinem Bett und fühlte mich schwach. Mein Kopf schmerzte, und als ich mir an die Stirn fasste, spürte ich einen stechenden Schmerz und einen Verband, der um meinen Kopf gewickelt war. Bei dem Sturz hatte ich mir eine Platzwunde zugezogen. Ich war einfach in mich zusammengesackt und konnte meinen Sturz nicht mit den Armen abfedern.

Meine Mutter hatte mir ein Glas Wasser und etwas zu essen neben mein Bett gestellt. Sie stützte meinen Kopf, half mir beim Trinken und tadelte mich gleichzeitig: »Du sollst nicht so wenig essen, du siehst ja, was dabei herauskommt.«

Einige Minuten später klingelte es schon an der Tür, und Monika stand da, um mich abzuholen, und tat erschrocken: »Mein Gott, Judith, wie konnte das nur passieren?«

Doch wahrscheinlich wusste sie genau, dass es ihre Schuld war, tat aber so, als sei sie eine mitfühlende »Mutter«.

Sie nahm mich wieder mit nach Hause, wieder gegen meinen Willen. Ich empfand nur noch Abneigung und Hass dieser Frau gegenüber.

Wegen ihrer krankhaften Abmagerungspraktiken war ich sogar in Ohnmacht gefallen, was sie billigend in Kauf nahm. Für sie zählte nur, wie ich aussah, sie sah zu keiner Zeit den Menschen in mir. Ihr Blick war beschränkt auf die Äußerlichkeiten, die für alle sichtbar waren. Die mussten stimmen, damit ich in ihr Bild des perfekten Kindes passte. Jahrelang hatte sie versucht, mich zu züchtigen und zu richten, was ihr jedoch trotz ihrer strengen, grausamen Hand nicht gelang.

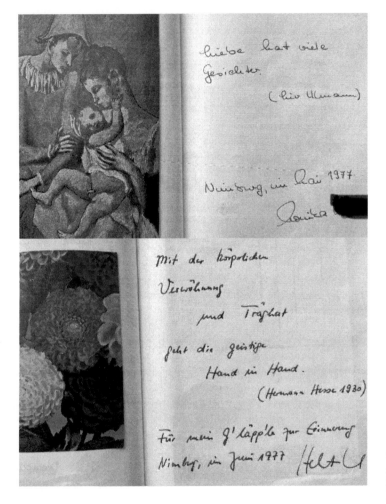

Bald nach diesem Vorfall änderte sich etwas in der Lehrerfamilie. Ich merkte schon lange, dass sich Monikas Verhalten ihrem Helmut gegenüber verändert hatte. Sie war schon immer sehr eifersüchtig gewesen, wenn die Möllers zu Besuch waren. Friederike war eine sehr hübsche Frau, und sie sah sie trotz ihrer Freundschaft als Konkurrenz. Ihre in ihren Augen heile Welt fing langsam an zu bröckeln. Helmut und Monika gerieten immer öfter in Streit. Als ich gekommen war, fanden sie nach jedem Streit wieder zusammen, doch dieses Mal war es anders.

Eines Abends, ich hatte meine Tür schon geschlossen, hörte ich die beiden lauthals schreien. Ihre Stimmen, vor allem Monikas, waren so laut, dass sie durch meine Tür hindurch zu hören waren und ich einige Wörter aufschnappen konnte.

Satzfetzen wie: »Du wirst ausziehen!«, »Ich mach das nicht mehr mit«, oder »Ich habe jemanden kennengelernt«, drangen zu mir durch. Ich wusste nicht genau, ob sie es meinten, wie sie es sagten, doch es hörte sich ziemlich ernst an.

Schon bald sollte sich meine Vermutung bestätigen. Die beiden verkündeten, Helmut werde ausziehen, und bald danach ging alles sehr schnell, und es war schon ein neuer Mann im Gespräch. Ein Herr Friedrich von Schwarzenberg, ein adeliger Mann, den Monika kennen und anscheinend auch lieben gelernt hatte. Helmut zog kurz darauf aus, und ich hatte keinen Kontakt mehr zu ihm.

Monika nahm mich einmal mit in die Wohnung von Herrn von Schwarzenberg. Dort musste ich ihr helfen, die Küche zu putzen. Sie war nicht wiederzuerkennen, so nett war sie zu mir seit der Bekanntgabe der Trennung. Vielleicht war sie nun so verliebt in Friedrich, dass sie ihre rosarote Brille nicht mehr absetzen konnte und mich nun in anderem Licht sah. Ich vermutete allerdings eher, dass sie da schon wusste, dass wegen ihrer zerbrochenen Ehe bald das Jugendamt kommen und alles noch einmal besprochen würde.

Und schon bald war ich am nächsten großen Wendepunkt meines Lebens angelangt, worüber ich zu dieser Zeit mehr als froh war.

- **Kapitel 4** -

Es war das Jahr 1978, ich war gerade elf Jahre alt geworden. Monika war überglücklich mit ihrem Friedrich, doch das Jugendamt sah nur die zerbrochene Ehe zwischen ihr und Helmut, und so suchten sie nach einer anderen Pflegefamilie für mich, für den Übergang, bis ich wieder zu meiner Mutter durfte. Es dauerte nicht lange, es war so weit, und ich musste, oder besser gesagt, durfte wieder ausziehen. Zu dieser Zeit wollte ich nur noch weg von dieser schrecklichen Frau. Der Tag, an dem mich das Jugendamt abholte und mich zu einer anderen Familie brachte, war der schönste des ganzen Jahres für mich. Es gab keinen Abschiedsschmerz, keine Wehmut, nein, ich wollte einfach nur weg. Ich hatte meine Sachen schon Tage zuvor gepackt in der Hoffnung, sie würden mich jeden Moment abholen.

Endlich holte mich eine Mitarbeiterin des Jugendamts ab, eine junge, gutaussehende Dame mit langen blonden Haaren. Sie wirkte recht nett, und für mich war sie an diesem Tag sowieso die Beste, weil sie mich von hier wegbrachte.

Ich sagte noch höflich »Auf Wiedersehen« zu Monika, und schon war ich im Auto verschwunden.

Es war für mich nicht wichtig zu wissen, wohin ich nun kam, denn schlimmer als hier konnte es für mich gar nicht werden.

Wir waren nicht lange unterwegs, da durfte ich schon wieder aussteigen. Mit meinem gesamten Hab und Gut in zwei Koffern und einer Tasche stieg ich aus und ging ins Haus zu meiner neuen Familie auf Zeit.

An vieles kann ich mich in dieser Familie nicht mehr erinnern. Das Ehepaar hatte eine kleine Tochter von gerade einmal drei Jahren. Ich konnte mich dort gut einleben. Dem kleinen Mädchen flocht ich die Haare zu einem Zopf und zog ihr schicke Kleidung an, was mir viel Spaß machte. Und an den gemeinsamen Urlaub mit der Familie kann ich mich auch noch erinnern.

Ich war sehr gespannt, denn das war etwas absolut Neues für mich. Ich freute mich riesig, packte meinen Koffer, und als ich damit fertig war, brachte ich ihn kaum noch zu. Man weiß ja nie, was man alles braucht, das kann wohl jedes Mädchen nachvollziehen. Wir fuhren mit dem Auto in eine wunderschöne Gegend in Südfrankreich. Dort verbrachten wir unseren Urlaub in einem kleinen Appartement, wo wir uns selbst versorgten. Jeden Morgen gab es ein wunderbares Frühstück mit Croissant und Marmelade, was ich als Naschkatze natürlich über alles liebte. Am Abend saßen wir alle zusammen am Tisch und spielten Karten, so lernte ich

Rommé spielen. Als ich es nach ein paar Tagen endlich selbst konnte, machte es mir riesigen Spaß.

So vergingen die Tage unseres Urlaubs in Südfrankreich, und wir fuhren nach 14 Tagen wieder nach Hause. Zu dieser Zeit war schon im Gespräch, dass ich bald wieder zu meiner Mutter durfte. Sie hatte schon einige Jahre einen neuen Mann an ihrer Seite und war seit ein paar Monaten mit ihm verlobt. Das betrachtete das Jugendamt als eine stabile, intakte Partnerschaft, und so gingen sie davon aus, dass sich meine Mutter wieder um mich kümmern konnte. Ihr neuer Mann hieß Manfred; ich hatte ihn schon bei meinen letzten 14-tägigen Besuchen zu Hause kennengelernt.

Es verging nicht einmal ein Jahr zwischen meinem Auszug bei der Lehrerfamilie und dem Tag, an dem ich wieder zu meiner Mutter zurückdurfte.

Ich packte wieder all meine Sachen zusammen und hoffte insgeheim, ich dürfte nun für immer dortbleiben.

In der Zwischenzeit war meine Mutter mit Manfred von Denzlingen nach Kollmarsreute gezogen.

Ich wurde von der gleichen netten Mitarbeiterin nach Hause gebracht, die mich auch von der Lehrerfamilie geholt hatte.

Als ich aus dem Auto stieg, sah ich ein schönes kleines Haus an einer sehr wenig befahrenen Straße. Ich klingelte an der Klingel mit der Aufschrift »Gallep/ Hinz«, und mein Herz schlug mir bis zum Halse. Ich stand da vor der Haustür und wartete, bis jemand aufmachte. Ich war nervös, glücklich, freudig, hatte aber trotzdem Tränen in den Augen.

Als meine Mutter die Tür öffnete, überkamen mich meine Gefühle. Ich konnte meine Tränen nicht mehr zurückhalten, und eine nach der anderen kullerte mir die Wangen hinunter. Ich umarmte meine Mutter und drückte sie fest an mich. Da sah ich, wie meine geliebte Oma Lisbeth hinter ihr in der Tür stand. Ich ließ von meiner Mutter ab und fiel meiner Oma um den Hals. Ich war so froh, wieder hier sein zu dürfen. Keine schreckliche Monika mehr, keine abscheulichen Diäten oder Erniedrigungen mehr. Ich war wieder zu Hause!

Als die Mitarbeiterin des Jugendamts weg war, erzählte ich von meinem Urlaub in Südfrankreich und was ich dort gelernt hatte.

»Oma, stell dir vor, ich kann endlich Rommé spielen!«

»Meine liebe Judith, das ist ja wunderbar. Aber jetzt sag mir, was du zum Abendessen möchtest, heute erfülle ich dir jeden Wunsch«, sagte Oma Lisbeth.

»Meinen allerliebsten Braten, den nur du so gut machen kannst, den wünsche ich mir heute. Ich habe ihn schon so lange nicht mehr gegessen, ich weiß fast nicht mehr, wie gut er schmeckt.«

Sie streichelte mir übers Gesicht und sagte: »Aber natürlich, mein Liebes. Und danach zeigst du mir, wie du Karten spielen kannst, ja?«

Ich lächelte meine Oma an und nickte eifrig. Ich freute mich auf das gute Essen, das ich so vermisst hatte.

Niemand sagte mir, wie hässlich und dick ich war. Ich durfte essen, so viel ich wollte. Ohne diese bösen Seitenblicke, die ich von der Pflegemutter Monika bekommen hatte, sobald ich nur etwas Essbares ansah.

An diesem Abend aßen wir alle gemeinsam. Meine Mutter, meine Oma Lisbeth und Manfred. Jetzt lernte ich ihn erst richtig kennen. Was mir sofort auffiel war, dass er schon beim Abendessen sein Bier trank und nicht nur eines, sondern eins nach dem anderen.

Trotzdem war es ein schöner Abend, wir unterhielten uns gut, und ich war glücklich, wieder daheim zu sein. Endlich kein Hin und Her mehr, endlich war ich wieder da, wo ich hingehörte. Wir legten uns alle schlafen, ich gab meiner Mutter einen Kuss und Manfred die Hand. Das machten wir von Anfang an so und behielten es auch bei.

Doch schon bald wurde meine Freude über mein Heimkommen schlagartig getrübt, und ich wusste nicht mehr, wo es nun besser war – hier oder bei den Pflegefamilien. Meine gerade erst wieder heil gewordene Welt bekam schon sehr bald wieder tiefe Risse, und ich konnte nichts dagegen tun.

Wir wohnten in einem Dreifamilienhaus. Die Vermieter selbst wohnten im Erdgeschoss, im 1. Stock lebte Familie Reif, und wir ganz oben im Dachgeschoss. Es war ein sehr ruhiges, kleines Haus, in dem wir lebten.

Über Manfred wusste ich nicht viel, nicht einmal, wie er und meine Mutter sich kennengelernt hatten. Früher war er wohl Matrose gewesen und arbeitete zu der Zeit, als ich wieder zu meiner Mutter kam, als Kfz-Mechaniker bei Alfa Romeo. Einige Zeit später hatte er noch einen Nebenjob als Taxifahrer, was noch eine verhängnisvolle Rolle in seinem Leben spielen würde, doch dazu später mehr. Denn schon bald nach meinem Einzug sollte ich ihn von einer völlig anderen Seite kennenlernen.

Eines Abends gegen 18:00 Uhr fuhr er mit seinem blauen Opel Kadett in die Einfahrt. Er kam in die Wohnung, zog sich gar nicht erst um und setzte sich einfach dreckig und stinkend, wie er von der Arbeit gekommen war, an den Tisch in der Küche, wo schon das heiße, dampfende Essen auf ihn wartete. Sein weißes Unterhemd war schon schwarz vor Dreck und seine blaue Latzhose übersät mit Ölflecken. Er schaute so grimmig, dass ich schon gar nichts mehr zu sagen wagte.

Meine Mutter sagte jedoch recht schnippisch zu ihm: »Manfred, was ist dir denn für eine Laus über die Leber gelaufen? Und wie siehst du überhaupt aus? Du könntest dich wenigstens waschen, bevor wir anfangen zu essen.«

Da schlug er plötzlich mit der Faust so heftig auf den Tisch, dass das Geschirr krachte und die klirrenden Gläser fast umfielen und das Wasser überschwappte. Er fing an zu schreien: »Ich setz mich hier hin, wie ich es möchte, hast du mich verstanden? Und wenn du mich noch ein einziges Mal so ansprichst, dann kracht es, hast du gehört?«, und spuckte dabei über den ganzen Tisch und das ganze Essen.

Erschrocken starrte meine Mutter ihn an und flüsterte kleinlaut: »Nicht, wenn Judith hier ist. Hör auf damit, das klären wir später.«

Sie wusste, dass wir das alles schon früher hatten durchmachen müssen, und versuchte – noch – mich davor zu schützen.

Wutschnaubend stocherte er in seinem Essen herum und sagte kein Wort mehr. Man merkte ihm an, wie schwer es ihm fiel, sich zusammenzureißen. Offensichtlich hatte er schon in der Arbeit ein paar Flaschen Bier getrunken, denn seine Fahne war bis zum anderen Ende des Raumes zu riechen. Er holte sich noch ein Bier aus dem Kühlschrank und trank es beim Essen.

Meiner Mutter und mir war der Hunger vergangen. Innerlich hoffte ich, dass es das gewesen war, eine kleine aggressive Aufwallung, weiter nichts.

Später am Abend, als ich ins Bett ging, dauerte es allerdings nicht lange, und es fing wieder an. Mir kam es vor wie ein Déja Vu, so hatte ich das alles schon mit Sigi mitgemacht. War das denn noch nicht genug? Hatten wir denn noch nicht genug durchgemacht?

Ich hörte, wie er meine Mutter anbrüllte, sie anschrie, sie aufs übelste beleidigte: »Du wertloses Stück Dreck. Nur dank mir bist du heute hier, nur durch mich bist du etwas wert. Und dein respektloses Verhalten ist der Dank dafür? Du solltest vor mir auf die Knie gehen, um dich bei mir zu bedanken, denn ohne mich bist du nichts. Du bist nichts wert, du kleine Schlampe, verstehst du das?«

Ich konnte jedes Wort klar und deutlich hören. Ich hörte ihn nur schreien und auf meine Mutter einreden, bis es einen lauten Knall gab. Ich kannte das Geräusch, ich wusste, was da gerade vor sich ging und wollte es nicht wahrhaben. Ich lag in meinem Bett wie versteinert und zog mir die Decke über den Kopf. Ich wollte nur, dass es aufhört. Ich hatte Angst, um meine Mutter und um mich.

Da hörte ich meine Mutter schreien: »Judith, bitte hilf mir!«

Ich stand sofort auf und rannte ins Schlafzimmer. Ich stand in der Tür und starrte Manfred an. Mit hochrotem Kopf und wutverzerrtem Gesicht stand er da und starrte zurück. Meine Mutter sah mir in die Augen. Ihr Gesicht war über und über schwarz von der Schminke, die durch ihre Tränen verwischt war.

In ihrem Gesicht sah ich die Angst, ich sah ihre Hilflosigkeit. Ich stand wie angewurzelt da und war machtlos. Da brüllte Manfred mich an: »Mach, dass du wegkommst, sonst kriegst du auch gleich eine, du kleine Göre. Hast du verstanden?«

Ich bekam noch mehr Angst, als ich sowieso schon hatte, zitterte am ganzen Körper und ging auf wackeligen

Beinen wieder zurück in mein Zimmer. Ich wollte meiner Mutter so gerne helfen, wusste aber nicht, was ich machen sollte. Ich wusste, dass er es ernst meinte. Wäre ich nur eine Sekunde länger im Zimmer geblieben oder nur einen Schritt auf ihn zugegangen, hätte er mich auch geschlagen. Die Angst in mir überwog, und so musste ich meine Mutter mit ihm allein lassen, obwohl ich wusste, was er ihr antat.

Das Poltern ging weiter, ich hörte, wie er ihr mit der Hand ins Gesicht schlug. Ich hörte, wie sie schrie: »Nein, bitte, hör endlich auf, bitte, ich tu alles!«

Doch er hörte nicht auf.

Irgendwann ließ er von ihr ab, und es wurde still in der Wohnung. Kurz darauf hörte ich, wie er sich noch ein Bier aufmachte, der Korken ploppte von der Flasche. Er war fertig. Fertig mit der Demütigung und den Schlägen, vorerst. Sie kam zu mir ins Zimmer und legte sich zu mir ins Bett. Ihr Gesicht war gezeichnet von den vielen Schlägen, die sie hatte einstecken müssen. Sie sagte kein Wort mehr, und irgendwann schliefen wir vor Erschöpfung ein.

Es ging immer so weiter. Woche um Woche, Monat für Monat. Die Abstände zwischen diesen Vorfällen waren kurz. Wir lebten ständig in Angst und Schrecken, denn wir wussten nicht, wie weit er noch gehen würde. Jedes Mal, wenn er getrunken hatte, war Ärger vorprogrammiert, und er trank oft, sehr oft. Er schlug nicht nur meine Mutter, nein, er machte auch vor mir nicht halt.

Daher gab es auch immer öfter Ärger mit den Vermietern und auch mit den Nachbarn. Diese Auseinandersetzungen waren so laut und so heftig, dass sie niemandem verborgen blieben. So wurden wir schnell zum Dorfgespräch, was auch nicht verwunderlich war.

Zu dieser Zeit besuchte ich gerade die 6. Klasse der Hauptschule. Eines Morgens kam ich in die Klasse und war ein wenig spät dran. Alle Mitschüler saßen schon auf ihren Plätzen. Ich kam zur Tür herein, und die Lehrerin sagte mit einem abscheulichen Unterton: »Na Judith, hat er euch wieder verdroschen?«

Ein Raunen ging durch die Klasse. Ich senkte den Blick und ging wortlos auf meinem Platz. Ich schämte mich, denn es war mir furchtbar peinlich, dass alle wussten, was bei uns zu Hause los war. Alle wussten, wie hilflos wir waren, dass wir uns nicht wehren konnten, dass wir schwach waren. Diese Gedanken hatte ich damals. Heute weiß ich natürlich, dass es nicht unsere und vor allem nicht meine Schuld war, doch damals fühlte ich mich schuldig.

Meine Vorgeschichte war schon allseits bekannt, auch meine Blindheit war regelmäßig Gesprächsthema, und dann kam auch noch das dazu. Es beeinträchtigte nicht nur unser Leben zu Hause, nein, es begleitete mich überall hin, sogar in die Schule. Frau Dobrowsky, meine damalige Lehrerin, konnte mich noch nie leiden. Sie war eine äußerst strenge, böse Lehrerin. Einer meiner Mitschüler war einmal sauer auf sie wegen einer schlechten Note. Sie stellte ihn vor der ganzen Klasse bloß, und da beschimpfte er sie und sagte: »Du blöde Nutte!«

Das war ein großer Fehler. Sofort packte sie ihn, zog ihn nach vorne und gab ihm eine heftige Ohrfeige. Erst links, und dann auch noch rechts. Da sagte er nichts mehr und blieb den ganzen Tag still auf seinem Platz sitzen. Die Rötung auf seinen Wangen war noch den halben Vormittag zu sehen.

Ihrer Meinung nach war auch ich zu frech und zu verdorben. In der Klasse hatte ich schon den Spitznamen Geillep bekommen, abgeleitet von meinem Nachnamen Gallep. Geillep wurde ich genannt, weil ich schon früher als die anderen Kinder in der Klasse anfing, eine anstößige und versaute Sprache zu entwickeln. Die anderen zogen mich deswegen auf, doch es dauerte nicht lange, bis auch sie anfingen, so zu sprechen. Aber ich blieb weiter diejenige, die an allem schuld war und alle anderen versaute.

Ja, ich war frech und hatte ein ziemlich loses Mundwerk, und trotzdem war es nicht einfach für mich, mit diesen Dingen zurechtzukommen, ständig an allem schuld und für alles verantwortlich zu sein. Ich war immer aufgewühlt und fand nicht einmal zu Hause, in den eigenen vier Wänden, Schutz und Zuflucht. Mir blieb nichts anderes übrig, als es einfach so hinzunehmen, wie es war. Auf Hilfe von außen konnte ich nicht hoffen, und meine Mutter war selbst so belastet und überfordert mit der Situation, dass sie auch nichts dagegen unternehmen konnte. Denn sie war wieder gefangen in der immer wiederkehrenden Schleife aus Angst, Gewalt und absoluter Kontrolle und Fremdbestimmung. Es war immer dasselbe Schema, es waren immer die gleichen Abläufe und sie war nicht stark genug, um diese Schleife zu durchbrechen.

Ich kann mich noch erinnern, dass wir oft zu Manfreds Eltern nach Gütenbach fuhren. Der Ort war eine gute halbe Stunde von Kollmarsreute entfernt. Es war eine sehr kurvige Strecke, was mir nie gut bekam. Jedes Mal, wenn wir dorthin fuhren, wurde mir schon auf halber Strecke übel, doch ich musste es durchstehen, bis wir ankamen.

»Reiß dich jetzt zusammen, wir sind gleich da. Du bist alt genug, um das auszuhalten. Stell dich nicht so an!«, schimpfte Onkel Manfred jedes Mal.

Ich nannte ihn von Anfang an Onkel Manfred, Papa sagte ich nie zu ihm, denn schließlich war er ja nicht mein Vater, worüber ich sehr glücklich war.

Ich sah alle paar Sekunden auf die Uhr vorne im Auto und betete, die Zeit möge schnell vergehen. Als wir endlich ankamen, schnallte ich mich schon ab, bevor das Auto zum Stehen kam. Sobald wir standen, riss ich die Tür auf, um frische Luft zu bekommen. Meine Übelkeit verflog dann zum Glück schnell, doch diese

Fahrten waren eine Qual für mich. Aber mitfahren musste ich, ob ich wollte oder nicht.

Bei solchen Familientreffen saßen wir meistens alle zusammen im Esszimmer an einem langen, ovalen Tisch aus hellem Eichenholz. Die Stimmung war oft sehr schwankend, denn Manfreds Mutter war ihrem Sohn sehr ähnlich. Oft schrie sie meine Mutter an, wenn ihr Sohn ihr wieder erzählte, was zu Hause vorgefallen war. Und das, obwohl sie genau wusste, wie aggressiv und unberechenbar er war. Wie sollte es auch anders sein? Er hatte diese Eigenschaften 1:1 von seiner Mutter übernommen. Wie sagt man so schön: Der Apfel fällt nicht weit vom Stamm.

»Sag mal, schämst du dich eigentlich nicht? So benimmt sich keine Frau. Du brauchst dich nicht zu wundern, wenn Manfred bei deiner frechen Undankbarkeit sauer wird!«, kommentierte sie wütend die Erzählungen.

Der Vater dagegen war ein sehr ruhiger Mensch, hatte nie viel zu sagen und mischte sich auch nicht in andere Angelegenheiten ein. Ich konnte förmlich spüren, wie auch er von seiner Frau unterdrückt wurde. Ich erkannte es an seinem Verhalten. Manfreds Bruder Rolf und seine Schwester Monika waren auch meistens da. Sie war die Einzige aus dieser Familie, die ich sehr gerne mochte. Sie war eine sehr nette, liebe Frau, und es war kaum zu glauben, dass die beiden Geschwister waren, denn sie hätten unterschiedlicher nicht sein können.

Sie hatte immer ihren Hund Toni dabei, einen kleinen Jack Russel-Mischling, der immer gestreichelt werden wollte und sich dann so sehr freute, dass er einem das ganze Gesicht ablecken wollte. Sie war sehr tierlieb, was man von ihrem Bruder Manfred nicht sagen konnte. Ich kann mich noch gut daran erinnern, als er eines Morgens mit seinem Auto aus der Garage herausfuhr und dabei einfach über mehrere kleine Kätzchen fuhr. Ich fing an zu schreien und wusste gar nicht, wie mir geschah, so schrecklich war das. Ihn interessierte das wenig, und es tat ihm nicht einmal leid. Für ihn waren die Tiere nichts wert.

Das war auch daran zu sehen, wie er Toni behandelte. Wenn er vor ihm auf dem Boden saß, um sich seine Streicheleinheit abzuholen, schlug er ihn meistens einfach mit seinen Füßen weg oder trat ihm in einem unbeobachteten Moment auf den Schwanz und trieb ihn so von sich fort. »Hau ab, du blöder Köter!«, brummte er dann böse.

Meistens verbrachten wir den ganzen Tag bei Onkel Manfreds Eltern, und ich war jedes Mal heilfroh, wenn wir wieder nach Hause fuhren, auch wenn mir von der Autofahrt immer so schlecht wurde. Meistens war es aber nur langweilig. Ich kannte dort keine Kinder in meinem Alter und musste bei den meist sinnlosen Diskussionen der Erwachsenen zuhören.

Ganz anders war allerdings die Fahrt nach Hagen. Dort wohnten andere Verwandte von Manfred. Es war ein Ehepaar, allerdings ohne Kinder. Als meine Mutter mir sagte, dass wir dorthin fahren würden, dachte ich gleich: »Oh nein, das wird bestimmt wieder so ein langweiliger Tag wie bei seinen Eltern.«

Doch dieses Mal war es anders. Damit sich die Erwachsenen ungestört unterhalten konnten, bekam ich sofort nach unserer Ankunft ein Funkgerät in die Hand gedrückt und durfte damit spielen. Erst wusste ich gar nicht, was ich damit anfangen sollte, doch ich hatte den Dreh, im wahrsten Sinne des Wortes, ziemlich schnell heraus und hatte schon bald eine Frequenz gefunden, auf der ich etwas hörte, und tatsächlich antwortete mir schon bald jemand. Am anderen Ende war ein Junge, mit dem ich mich eine Zeitlang sehr nett unterhielt. Dieses Gespräch ging allerdings irgendwann in eine Richtung, die meiner Mutter gar nicht gefiel. Sie nahm mir das Funkgerät aus der Hand und sprach hinein: »Ich bin die Mutter von Judith. Sie ist erst zwölf Jahre alt. Also hör auf, so mit ihr zu sprechen.«

Da lief ich feuerrot an. Obwohl ich den Jungen gar nicht kannte, war mir diese Situation so peinlich, dass ich das Funkgerät gar nicht mehr wiederhaben wollte. Abgesehen davon kam auch keine Antwort mehr zurück. Vermutlich war er genauso schockiert wie ich, als meine Mutter plötzlich anfing zu sprechen.

Doch so hatte ich mir zumindest meine Zeit vertrieben, denn schon eine halbe Stunde später machten wir uns wieder auf den Heimweg. Onkel Manfred musste am nächsten Tag früh raus, um fischen zu gehen, und meine Mutter und ich sollten mitkommen. Es sollte ein schöner Familienausflug werden.

Am nächsten Morgen fuhren wir wie vereinbart mit Onkel Manfred an den See. Er baute sein Equipment auf, warf seine Angel aus, und es hieß warten. Während wir dasaßen und warteten, durfte ich kein Wort sagen, auch nicht herumlaufen und Räder schlagen. »Hör auf damit Judith, das verschreckt die Fische. So fangen wir nie etwas«, sagte er, und ich musste mich wieder setzen und weiter warten. Eine absolut langweilige Angelegenheit. Ich konnte nicht nachvollziehen, wie man stundenlang dasitzen mochte, um zu warten, bis der Fisch anbiss und dabei auch noch Spaß hatte.

Dann war es endlich soweit und ein Fisch biss an. Mit Leichtigkeit zog er die kleine Forelle aus dem Wasser, nahm sie vom Haken, und es sah aus, als würde der kleine Fisch nach Luft schnappen, weil er immer seinen Mund auf und zu klappte. Da nahm ihn Manfred hoch und schlug ihn mit voller Wucht auf einen Stein, der nahe am Wasser lag. Ich zuckte zusammen, weil ich so erschrak und damit nicht gerechnet hatte. Ich war noch nie beim Angeln dabei gewesen. Da sagte meine Mutter: »Komm Judith, stell dich nicht so an, was denkst du denn, wie die Tiere getötet werden, die wir essen?«

Da war der Fisch tot, und Manfred fing an, ihn auszuweiden. Ich musste wegsehen, weil ich es so eklig fand, wie er die Innereien aus dem Bauch des Fisches herausholte. Da sagte er fröhlich: »Wenn ich noch einen fange, ist unser Abendessen für heute gesichert, das wird ein Festmahl.«

Wir verbrachten fast den ganzen Tag am See und fuhren am Nachmittag wieder nach Hause, und zum Abendessen gab es den selbst gefangenen Fisch. Ich aß ihn zwar, aber mir wollte nicht aus dem Kopf gehen, wie er ihn auf dem Stein erschlagen hatte.

Das Geld war bei uns immer knapp, und deshalb war meine Mutter froh, wenn Manfred einen Fisch fing, damit sie nichts kaufen musste.

Doch obwohl meine Mutter und Manfred ständig Geldprobleme hatten, gingen wir ab und an sonntags zum Essen in ein Restaurant. Das wollten die beiden sich nicht nehmen lassen.

Wir hatten alle gut gegessen, und als die Rechnung kam, zahlte Onkel Manfred an diesem Tag mit einem 500 DM-Schein. Es war absolut peinlich, denn niemand außer ihm zahlte mit so einem großen Schein. Vermutlich dachte er: »Schaut her, wie viel Geld ich habe.«

Er gehörte zu den Menschen, die sich immer profilieren müssen. Er wollte bei anderen Leuten gut dastehen, denn ich glaube, tief in seinem Inneren wollte er selbst nicht wahrhaben, welch ein böser Mensch er im Grunde war. So musste er den Schein nach außen wahren und suchte nach Anerkennung für seinen Seelenfrieden.

Meiner Mutter und mir war es äußerst unangenehm, wir spürten die Blicke des Mitarbeiters und auch der anderen Leute an den Nachbartischen. Sie wussten, dass wir uns nur sehr selten einen Restaurantbesuch leisten konnten. Und wir wussten auch, wie Manfred in Wirklichkeit war. Er gab sich nach außen als netter, zuvorkommender Mann, der die Rechnung für seine Frau und das Kind übernahm. Als wollte er sagen: »Seht her, welch ein guter Mann ich bin und wie ich mich um meine Familie kümmere!«

Zu Hause kam dagegen seine dunkle, echte Seite zum Vorschein, es gab nach wie vor unzählige Gewaltausbrüche, die einfach kein Ende nehmen wollten. Es wurde immer schlimmer, mit ihm zusammenzuleben.

Einige Wochen später kam ich nach der Schule nach Hause, und niemand war da. Ich war also allein und dachte, ich könnte mir meine Lieblingssendung im Fernseher ansehen, die gerade lief. Ich ging zum Wohnzimmerschrank, um die Fernbedienung zu holen. Da fiel sie mir herunter, und als ich sie aufheben wollte, hatte ich wohl zu viel Schwung, krachte mit meinem Kopf gegen die Scheibe im Schrank, und sie zerbrach in tausend Teile. Ich schrie: »Oh nein, bitte nicht!«

Ich dachte: »Was mach ich jetzt nur? Wenn das Manfred sieht, bringt er mich um!«

Schnell kehrte ich alle Scherben zusammen und warf sie in den Mülleimer. Ich brachte den Müll sofort nach unten in die große Mülltonne, in der Hoffnung, ich könnte das Unglück so irgendwie verbergen. Ich hatte solche Angst, denn ich wusste genau, das würde Ärger geben. Er rastete schon bei irgendwelchen Kleinigkeiten aus, oft auch völlig ohne Grund. Jetzt konnte ich nur noch hoffen, dass es nicht so schlimm werden würde.

Den Fernseher ließ ich ausgeschaltet und verkroch mich in mein Zimmer. Je später es wurde, desto mehr Angst bekam ich. Da hörte ich, wie der Schlüssel im Schloss gedreht wurde. Darauf hatte ich schon die ganze Zeit gewartet. Mein Herz raste, und ich betete, er möge es nicht sofort sehen.

Ich saß still in meinem Zimmer und horchte genau, was er tat. Ich wollte auf keinen Fall seine Aufmerksamkeit erregen. Er ging in die Küche und holte sich, wie immer, zu allererst sein Bier aus dem Kühlschrank. Er öffnete die Flasche und ließ den Korken auf den Tisch fallen. Doch nicht in der Küche, nein, im Wohnzimmer. Das durfte nicht wahr sein! Natürlich würde er gleich den Fernseher einschalten. Was hätte er auch sonst im Wohnzimmer gewollt? Er hatte immer den Fernseher laufen, wenn er auf dem Sofa saß. Da war mir klar, dass es gleich so weit sein würde. Ich kniff meine Augen zusammen und sagte leise: »Bitte nicht, bitte nicht, bitte nicht«, bis meine leisen Worte und Gedanken durch einen lauten Schrei unterbrochen wurden: »Juu-udith!«

Da stürmte er auch schon in mein Zimmer, packte mich am Arm und zerrte mich nach vorne ins Wohnzimmer. Ich wollte nicht mitgehen, ich sträubte mich. Doch das machte ihn noch wütender, und er zog mich einfach hinter sich her. Ich sah ihn verängstigt an. Er schlug mir mit der flachen Hand ins Gesicht und brüllte mich an: »Was hast du getan, du dumme Göre?«

Angsterfüllt und in der Hoffnung, er würde von mir ablassen, log ich ihn an: »Nichts. Ich habe nichts getan. Ich war das nicht!« So versuchte ich, irgendwie unbeschadet aus der Sache rauszukommen, weil ich einfach zu große Angst hatte vor dem, was mich nun erwartete.

Wieder klatschte seine riesige, schmierige Hand in mein Gesicht.

»Lüg mich noch einmal an, denn dann wirst du dir wünschen, du wärst nicht hierher zurückgekommen!«, schrie er völlig außer sich.

Weinend versuchte ich, das Unheil noch abzuwenden: »Das war nicht mit Absicht, ich bin nur mit meinem Kopf rangekommen, als ich die Fernbedienung aufheben wollte.«

Wie zu erwarten, wurde er nur noch wütender. Mir war klar, dass es ihn wenig interessierte, was ich nun sagte. Er war wie in einem Rausch, und ich konnte nichts tun, um ihn zu beschwichtigen.

»Nicht mit Absicht! Du weißt genau, was du tust, du hinterhältiges kleines Ding. Denkst du, wir haben so viel Geld, einfach einen neuen Schrank zu kaufen? Du wirst sehen, was du davon hast!«

Er hatte sich nicht mehr unter Kontrolle, er war rasend vor Wut. Sein Gesicht war rot angelaufen, seine Augen waren weit aufgerissen. Beim Schreien spuckte er mein Gesicht voll, und seinen Adern am Hals sprangen schon fast heraus, so aufgepumpt waren sie. Er packte mich, drehte mich um und zog mir die Hose herunter. Da fing er an, mir mit der flachen Hand auf den Hintern zu schlagen, und das mit voller Wucht. Er schlug einmal zu, zweimal, dreimal, er hörte nicht mehr auf. Er schlug immer an die gleiche Stelle. Ich weinte und schrie: »Bitte hör auf, bitte, ich tu alles, was du willst!«, und hoffte, ich könnte ihn so beruhigen. Doch er machte weiter und weiter. Ich schrie, bis es mir vor Schmerzen die Kehle zuschnürte. Ich brachte keinen Ton mehr heraus, mein Körper fing an zu kribbeln, ich bekam Todesangst und dachte: »Was, wenn er nicht mehr aufhört? Wenn er immer weiter macht?«

So geschah es, dass ich meinen Urin nicht mehr halten konnte, und plötzlich war meine Hose, die immer noch in meinen Knien hing, völlig durchnässt, und alles tropfte auf den Boden. In diesem Moment hatte ich solche Angst und solche Schmerzen, und diese paar Minuten erschienen mir wie Stunden.

Plötzlich stand meine Mutter in der Tür, und Manfred ließ von mir ab. Ich rannte aus dem Wohnzimmer an meiner Mutter vorbei und stolperte noch über meine Hose. Ich streifte sie von den Füßen und warf mich auf mein Bett. Den Kopf in mein Kissen gedrückt, weinte ich noch minutenlang weiter, bis ich mich endlich beruhigen konnte. Diese Machtlosigkeit, diese Unterdrückung und Demütigung, die ich immer wieder durch diesen Mann erfahren musste, waren so prägend für mich. Ich war diesem schrecklichen Mann hilflos ausgeliefert, und niemand konnte mir helfen, auch nicht meine eigene Mutter.

Ich hörte, wie die beiden laut diskutierten. Meine Mutter wischte den Urin vom Boden auf, und Manfred war der Meinung, die Strafe, die er mir gerade gegeben hatte, war noch nicht genug. Er kam in mein Zimmer, immer noch wutentbrannt, und mir wurde schon wieder ganz anders, als ich ihn hereinkommen hörte. Ich überlegte schon, ob ich einfach aus der Haustür laufen sollte, bevor er wieder anfing, aber er schlug mich diesmal nicht.

»Für deine Lüge vorhin wirst du jetzt eine Strafarbeit schreiben. Ich darf nicht lügen, auch wenn es mir schwerfällt, die Wahrheit zu sagen. Diesen Satz wirst du sofort hundert Mal schreiben, und das innerhalb der nächsten Stunde, sonst war das jetzt noch nicht alles für dich, verstanden?«, fuhr er mich an.

Meine Augen hatten sich wieder mit Tränen gefüllt, ich nickte nur und hoffte, er würde das akzeptieren.

Ich setzte mich an meinen Schreibtisch und fing sofort an zu schreiben. Ich wollte Manfred nicht noch mehr verärgern, denn ich wusste ja, wozu er fähig war. Meine Mutter kam herein und sagte mit einem mitleidigen Blick: »Ach Judith, komm, ich helfe dir.«

Also setzte sie sich zu mir an den Schreibtisch und schrieb einige Sätze für mich. Als ich fertig war, legte ich alles wortlos vor Onkel Manfred auf den Wohnzimmertisch und ging wieder in mein Zimmer, wo ich bald erschöpft einschlief.

Dieser eine Satz ist mir bis heute in Erinnerung geblieben. Ich muss zugeben, wenn ich das heute betrachte, hat dieser Satz einen Sinn, aber mit zwölf Jahren und vor allem in diesem Zusammenhang war mir das nicht klar. In diesem Moment fühlte ich mich nur schikaniert und von Onkel Manfred gedemütigt, wie er es immer mit uns machte.

Mein neues Leben wieder zurück bei meiner Mutter lief so ganz anders, wie ich es mir vorgestellt hatte. Meine Stütze war immer noch meine Oma Lisbeth, die mich auffing, wenn es mir schlecht ging. Doch so oft wie vorher konnte ich sie nicht mehr besuchen, denn wir wohnten ja nicht mehr in derselben Straße. Nicht nur Onkel Manfred sorgte dafür, dass ich mich nicht wohlfühlte, auch wenn ich draußen unterwegs war, passierten mir ständig merkwürdige Dinge.

Einige Wochen nach diesem Vorfall zu Hause begann ein neues Schuljahr. Zu dieser Zeit fuhr ich mit dem Fahrrad in die Schule. Wir bekamen eine Liste mit Dingen, die wir für das neue Schuljahr brauchten. Also fuhr ich nach Schulschluss in ein nahegelegenes Einkaufszentrum, um alles zu besorgen. Ich stellte mein Rad vor dem Schreibwarengeschäft ab und wollte gerade hineingehen. Da sah ich neben dem Eingang einen Mann stehen, der seine Hand in der Hosentasche hatte. Ich sah, wie er seine Hand bewegte, denn er bewegte sie so stark, dass es nicht zu übersehen war. Sie wackelte die ganze Zeit hin und her. Ich wunderte mich zwar, dachte mir aber auch nichts weiter dabei. Also ging ich in das Geschäft und suchte mir alles zusammen, was ich brauchte. Einige Hefte, einen Schreibblock, Bleistifte und neue Tintenpatronen für meinen alten Füller. Für einen neuen reichte das Geld nicht. Ich ging zur Kasse, bezahlte meinen Einkauf und ging wieder hinaus. Da bemerkte ich, dass der Mann immer noch dastand. Jetzt hatte er seine Hand allerdings nicht mehr in der Hosentasche. Sein Penis hing vorne aus seiner Hose heraus. Ich erschrak fürchterlich und hüpfte gleich einen Schritt auf die Seite. Da sprach er mich plötzlich an: »Na meine Kleine, willst du für 20 DM sehen, wie der Schleim herauskommt?«

Es widerte mich nur an, und der Ekel stand mir ins Gesicht geschrieben. Ohne etwas zu sagen, lief ich schnell zu meinem Fahrrad und fuhr auf dem schnellsten Weg nach Hause. Ich sperrte schnell die Tür auf und war so froh, dass ich endlich zu Hause war. Laut atmend lehnte ich mich von innen an die Wohnungstür und musste kurz durchatmen. Da schaute meine Mutter aus der Küchentür heraus und fragte erstaunt: »Judith, was ist denn mit dir los?«

»Ach nichts, ich bin nur ein wenig zu schnell mit dem Fahrrad gefahren, weil ich schnell nach Hause wollte«, antwortete ich. Ich wollte ihr nicht von dem Vorfall erzählen.

»Na gut, komm, das Essen ist fertig«, sagte sie und stellte den Topf auf den Tisch.

Es gab mein Leibgericht Gulasch. Doch mir war so schlecht, dass ich keinen Bissen hinunterbrachte. Ich hatte immerzu dieses Bild von diesem fremden Mann in meinem Kopf. Es war ein so ekelerregender Anblick, dass ich einige Zeit brauchte, um mich davon zu erholen. Ich sagte meiner Mutter, dass ich schon in der Schule mit meiner Freundin etwas gegessen hatte, und ging ins Badezimmer, um eine heiße Dusche zu nehmen. Danach ging ich in mein Zimmer, hörte mir mit Kopfhörern eines meiner Lieblingslieder an und sang lauthals mit, um mich abzulenken. Das funktionierte für den Augenblick einigermaßen, doch bis heute habe ich diesen Anblick nicht vergessen. Solche Erlebnisse brennen sich ein und verschwinden nie wieder.

Ich erzählte niemandem davon, weder meiner Mutter noch meiner Oma, nein, nicht einmal meinen Freundinnen habe ich von diesem Vorfall erzählt. Es war mir einfach zu peinlich, darüber zu sprechen.

Es vergingen einige Monate, und es wurde Mai. Zu dieser Zeit hatte ich meine ersten »Liebeserfahrungen« mit einem Klassenkameraden. Natürlich bekamen das irgendwann auch alle unsere Mitschüler mit, und so erlaubten sie sich, uns einen Maistreich zu spielen. Da wir im selben Dorf nicht weit voneinander entfernt wohnten, malten sie mit weißer Kreide eine Spur von meinem bis zu seinem Haus, an jedem Ende mit einem riesigen Herz versehen. Auf der einen Seite war es eine lustige Sache, zumindest konnten alle in der Klasse darüber lachen. Doch als Onkel Manfred das mitbekam, war ich diejenige, der nicht mehr nach Lachen zumute war. Als er an diesem Tag von der Arbeit nach Hause kam, stürmte er zur Haustür herein und lief sofort in mein Zimmer. Wütend fragte er mich: »Sag mal, Judith, was soll das denn auf der Straße vor unserem Haus? Eins kann ich dir gleich sagen. Sollte ich dich nur ein einziges Mal auf der Straße erwischen, wie du mit einem Kerl rumknutschst, schlag ich dich windelweich, hast du das verstanden?«

Leise und ängstlich erwiderte ich: »Ja, Onkel Manfred.«

Mehr brachte ich nicht heraus, denn ich wusste, alle Erklärungen wären umsonst gewesen, und er wäre nur noch wütender geworden. Er ging aus dem Zimmer und schlug die Tür hinter sich zu. Ich war froh, dass es nicht mehr war als diese ernsten Worte.

Onkel Manfred hatte sich sehr selten so unter Kontrolle, dass nichts Schlimmeres passierte. Es war Wochenende, und ich wusste, er würde wieder trinken. An solchen Abenden zog ich mich von Anfang an in mein Zimmer zurück, um Ärger zu vermeiden. Denn ich wusste, dass nur ein kleiner Tropfen reichte, um das ewig volle Fass zum Überlaufen zu bringen. Gerade wollte ich mich schlafen legen, da hörte ich plötzlich, wie er wieder anfing zu brüllen. Ich konnte den Wortlaut nicht genau verstehen, ich hörte nur, wie er brüllte und schrie und wie meine Mutter weinte. Einige Sekunden später hörte ich einen lauten, dumpfen Schlag. Kurz darauf ging meine Zimmertür auf, und meine Mutter stürmte herein. Ihre Haare waren zerzaust, an ihrem Hals waren deutliche Würgemale zu sehen. Die Angst stand ihr ins Gesicht geschrieben. Sie flüsterte: »Komm, schnell!«

Ich starrte sie mit weit aufgerissenen Augen angsterfüllt an, und noch bevor ich etwas sagen konnte, packte sie mich an der Hand, und wir liefen so schnell wir konnten zur Tür hinaus. Wir waren barfuß, ohne Strümpfe, ohne Schuhe. Ohne Zeit zu verlieren, stolperten wir vor lauter Eile fast die kalte Steintreppe hinunter und liefen auf die Straße, die noch nass vom Regen war. Ich spürte die kleinen, nassen Steinchen unter meinen blanken Füßen, und wir liefen einfach die Straße entlang, schauten uns immerzu um, weil wir beide Angst hatten, er würde uns verfolgen und wieder einfangen. Wir liefen immer weiter, und nach ungefähr 200 Metern dachte meine Mutter, wir wären weit genug entfernt, und klingelte einfach an der nächstbesten Haustür. Sie klingelte und klingelte, wir warteten ungeduldig und hofften, dass uns schnell jemand aufmachte, bevor Manfred uns erreichen würde. Ein älterer Herr öffnete, und aufgeregt drängelten wir uns in das fremde Haus und schlossen die Haustür hinter uns. Die Ehefrau hörte den Lärm und kam sofort in den Flur gerannt. Fragend schaute das Ehepaar uns an, und die Frau fragte aufgewühlt: »Was ist denn hier los?«

Meine Mutter atmete tief durch, und bevor jemand etwas sagen konnte, erklärte sie den beiden aufgeregt, was passiert war. Die Frau war schockiert, führte uns ins Wohnzimmer und setzte uns auf das Sofa. Der Ehemann rief umgehend die Polizei an. Sie waren sehr nette Leute und halfen uns. Sie boten uns an, bei ihnen zu übernachten, was ich dankend annahm. Meine Angst von diesem verrückten Manfred war zu groß, als dass ich hätte zurückgehen können. Die Frau holte ein Kissen und eine Decke und bereitete mir das Sofa, auf dem ich schlafen durfte, für die Nacht vor. Meine Mutter jedoch beobachtete die Straße vom Fenster aus, und als sie das Blaulicht der Polizei sah, das die ganze Straße erhellte, ging sie wieder zurück zu unserer Wohnung. Dort führte die Polizei Manfred ab, der sich inzwischen wieder beruhigt hatte. Er musste zu unserem Schutz die Nacht in der Ausnüchterungszelle bleiben.

Am nächsten Morgen ging ich nach Hause zu meiner Mutter. Vorsichtig öffnete ich die Tür, denn ich hatte immer noch Angst, er könnte noch da sein. Doch offenbar hatte ihm dieser Vorfall die Augen geöffnet, und er gestand sich endlich ein, dass er wortwörtlich »krank« war, denn er ließ sich direkt von der Ausnüchterungszelle aus in die Psychiatrie einweisen, wie meine Mutter mir an diesem Morgen erzählte. Das Einzige, was noch zu sehen war, war das große Loch, das er am Vorabend in die Wand geschlagen hatte. Dieser Schlag, den ich gehört hatte, war von der Bierflasche, die er mit voller Wucht gegen die Wand gedonnert hatte.

Meine Mutter erzählte mir, dass er jetzt eine Therapie machte. Im Anschluss sollte er sich noch einer sechswöchigen Alkoholentgiftung unterziehen. Das hieß für mich nur eins: Ich konnte durchatmen. Wochenlang sah ich Manfred nicht und war darüber mehr als froh. Wir hatten Ruhe und Frieden zu Hause, und das tat mir sichtlich gut nach so einer schrecklichen, traumatisierenden Erfahrung.

Meine Mutter hingegen besuchte ihn während seiner wochenlangen Kur und kehrte ihm, wie zu erwarten, nicht den Rücken. Ich hätte mir gewünscht, sie hätte es getan, doch ich konnte ihr nichts einreden. Sie war der Meinung, er würde sich ändern und alles würde gut werden. Einmal besuchte ich Manfred sogar gemeinsam mit meiner Mutter, als er auf der Kur war. Ich muss aber gestehen, dass er schon da ein völlig anderer Mensch war – anders, als ich ihn bis dato gekannt hatte. Er war immer nüchtern und viel ruhiger geworden. Er hatte dort auch keine andere Wahl.

Mir gefiel unser Zuhause ohne ihn trotzdem besser, aber irgendwann waren diese schönen, ruhigen Wochen ohne ihn vorbei, und er kam wieder zurück. Ich hatte die schlimmsten Befürchtungen. Würde er wieder trinken? Würde er wieder so ausrasten? Vielleicht würde er uns sogar umbringen. Ich traute ihm alles zu und konnte mir einfach nicht vorstellen, dass sich ein Mensch in so kurzer Zeit völlig verändern kann.

Doch meine Mutter hielt zu ihm, egal, was er uns schon alles angetan hatte. Sie konnte sich nicht von ihm lösen, nicht einmal mir zuliebe. Sie war nach wie vor eine Gefangene, die nicht aus ihrem Teufelskreis ausbrechen konnte.

All meinen Erwartungen und Ängsten entgegen war er nach dieser Kur wie ausgewechselt. Er rührte keinen Tropfen Alkohol mehr an und hatte sich so gut im Griff, dass meine Mutter und auch ich nichts mehr zu befürchten hatten.

Einige Wochen nach seiner Heimkehr legten sich auch bei mir langsam die Ängste, die mich begleiteten, er blieb für mich aber weiterhin der abscheuliche Mensch, der er vorher gewesen war. Immer wieder standen mir die Szenen voller Gewalt, Schläge und der Angst um meine Mutter, der Angst um mein eigenes Leben vor Augen. Das konnte ich einfach nicht vergessen, und deshalb konnte ich ihm nie verzeihen.

Trotzdem war es für mich in Ordnung, dass meine Mutter nun mit ihm glücklich zusammenleben konnte. Es gab keine Gewaltausbrüche mehr, und ich hatte meine Ruhe vor ihm. Es vergingen ein paar ruhige Wochen. Er hatte in dieser Zeit keinen einzigen Rückfall, zumindest bemerkten meine Mutter und ich nichts davon.

Einen Tag nach Heiligabend feierten wir alle gemeinsam noch meinen 13. Geburtstag. Einige Tage später war das Jahr vorbei, und wo man hinsah, wurde in das neue Jahr hinein gefeiert.

Wie ich bereits erwähnte, war Onkel Manfred nebenberuflich bei einem Taxiunternehmen bei uns im Ort nicht weit von unserer Wohnung entfernt beschäftigt. Dort gab es an Silvester eine Feier mit allen Mitarbeitern des Unternehmens. Natürlich war auch Manfred eingeladen. Meine Mutter hingegen blieb mit mir zu Hause, und wir machten uns einen gemütlichen Abend. Wir saßen auf dem Sofa, kuschelten uns unter die Decke und schliefen irgendwann vor dem Fernseher ein.

Plötzlich riss uns das schrille Klingeln des Telefons aus dem Schlaf. Es war noch früh am Morgen, und noch völlig verschlafen nahm meine Mutter den Hörer ab. Ihre Augen weiteten sich und füllten sich schlagartig mit Tränen. Sie fing an, hörbar schnell zu atmen. Das Telefongespräch dauerte nicht lange, dann fiel ihr der Hörer aus der Hand. Sie sprang auf, zog sich ihre Schuhe an und sagte unter Tränen aufgeregt: »Judith, das war die Polizei. Es ist etwas Schreckliches passiert!«, und schon lief sie nach draußen, holte ihr Fahrrad und fuhr los.

Aus ihren Erzählungen weiß ich, was als Nächstes geschah. Sie radelte, so schnell sie nur konnte, zu dem Taxiunternehmen, bei dem Manfred tätig war. Von Weitem sah sie schon mehrere Polizeiwagen auf der Straße stehen. Sie durchfuhr ein eiskalter Schauder, und als sie ankam, sprang sie von ihrem Fahrrad und schmiss es einfach zu Boden. Sie sah ein weißes Tuch, das auf dem Boden ausgebreitet war und unter dem deutlich ein Körper zu erkennen war. Er lag am Fuß der großen Treppe, die von unten hinauf zum Hauseingang führte. Sie fing an zu schreien und wollte zwischen den Polizeibeamten hindurch zu dem Leichnam laufen.

Es war Manfred, er war tot. Sie hörte nicht auf zu schreien und zu weinen und schlug wild um sich, weil sie unbedingt zu ihm wollte. Doch die Beamten packten sie und setzten sie in den Polizeiwagen, weil sie so hysterisch und nicht zu beruhigen war. Sie brauchte, als sie im Auto saß, noch einige Minuten, um sich wieder zu beruhigen, um überhaupt zu verstehen, was da eigentlich passiert war. Eine gute halbe Stunde später versuchten es die Beamten noch einmal, öffneten die Tür und ließen sie aussteigen. Ihren Blick fest auf die Leiche auf dem Boden gerichtet, stand meine Mutter da und hörte ihnen zitternd und immer noch weinend zu. Schließlich wollte sie wissen, was geschehen war.

Der ältere der beiden Beamten sprach ruhig auf sie ein und erklärte ihr, was vorgefallen war: »Mein herzliches Beileid, Frau Gallep, ich möchte Ihnen kurz berichten, was sich hier zugetragen hat. Wir haben bereits mit allen Beteiligten hier gesprochen. Es hat wohl einen Streit zwischen Ihrem Mann und einem anderen Taxifahrer gegeben. Vermutlich war auch Alkohol im Spiel. Ihr Mann wurde getreten und fiel daraufhin die Treppe hinunter. Er war sofort tot. Alles Weitere wird die Obduktion ergeben.«

Schluchzend sackte meine Mutter zusammen, und er stützte sie.

Der Beamte versuchte, sie zu beruhigen: »Gehen Sie jetzt nach Hause und ruhen Sie sich aus. Es wird eine Weile dauern, bis Sie das Ganze verarbeitet haben. Sobald wir etwas Neues wissen, melden wir uns bei Ihnen.«

Wortlos ging meine Mutter davon, nahm ihr Fahrrad und fuhr wieder nach Hause. Sie kam herein, und ich sah ihr an, dass etwas für sie furchtbar Schlimmes passiert war.

Sie konnte kaum sprechen und sagte nur: »Manfred ist tot«, und während sie es sagte, fing sie wieder an zu weinen.

Ich hatte so viel Mitleid mit ihr, weil ich sah, wie sie dieser Verlust schmerzte, und deswegen fing ich auch an zu weinen. Nicht etwa, weil ich traurig war, nein, nur, weil ich meine Mutter so leiden sah und nichts dagegen machen konnte.

Ich sah ihr zu, wie sie dasaß, das Telefon nahm, und im wahrsten Sinne des Wortes Hinz und Kunz anrief, denn Manfred hieß mit Nachnamen Hinz. Sie wimmerte nur ins Telefon: »Manfred ist tot! Manfred ist tot!«

Mehr brachte sie nicht mehr heraus, denn sie weinte und weinte und konnte nicht mehr aufhören.

Für meine Mutter waren die kommenden Wochen dunkel und von Trauer geprägt, für mich dagegen war es die pure Erleichterung. Ich war froh, dass dieser Mann, der uns jahrelang geschlagen und gedemütigt, unterdrückt und schikaniert hatte, endlich dort hinkommen würde, wo er hingehörte, und zwar in die Hölle. Ich spürte keinen Schmerz, kein Mitleid für ihn, keine Trauer, nein, nur die pure Freude, dass es endlich ein Ende hatte.

Ich bin so froh, dass er nicht mehr lebt!

Es war egal, wie er sich nach dieser Therapie verändert hatte. Es war zu spät, denn es war unmöglich, all das, was er uns angetan hatte, diese Jahre voller Gewalt, Schmerz und Angst, durch diese wenigen Wochen mit gutem Benehmen aufzuwiegen. Ich hatte keinerlei gute Erlebnisse mit ihm, keine Bindung, er war mir vollkommen gleichgültig.

Der 1. Januar 1981, dieses Datum werde ich nie vergessen, denn Onkel Manfreds Tod war für mich »die Erlösung«, und diesen Gedanken habe ich bis heute nicht bereut.

Seine Taten werden mir für immer im Gedächtnis bleiben, sie haben mich geprägt, und es gibt Dinge im Leben, die unverzeihlich sind. Und was dieser Mann uns angetan hat, war unverzeihlich.

Auch meine Mutter wusste das, tief in ihrem Inneren, was sie aber nie zugegeben hätte und auch nicht wahrhaben wollte.

Sogar nach seinem Tod glaubte sie, ihm etwas schuldig zu sein. Er hatte sie zu Lebzeiten so beeinflusst mit seinen Worten und Taten, dass sie ihm noch über seinen Tod hinaus vollkommen hörig war. Trotz ihrer großen Geldprobleme kaufte sie für sein Grab eine Madonna im Wert von damals 6.000 DM, was sie sich eigentlich nicht leisten konnte. Sie musste allen zeigen, wie viel er ihr wert war, dass er ein guter Mensch gewesen war, wie sie sich selbst in all den Jahren eingeredet hatte. Aus meiner Meinung nach falschem Respekt vor ihm trug sie das gesamte folgende Jahr nur schwarze Kleidung, wie es sich damals gehörte.

Zu der tiefen Trauer meiner Mutter kam noch ein weiterer schwerwiegender Punkt. Einige Tage nach seinem Tod rechnete meine Mutter schon fest mit der Auszahlung seiner Lebensversicherung, denn sie war die Begünstigte. Eines Tages rief die Polizei an und teilte meiner Mutter mit, dass sich bei der Obduktion etwas Ungewöhnliches ergeben hatte. Offenbar hatte Onkel Manfred schon seit längerer Zeit ein Blutgerinnsel im Kopf, das bei der Lebensversicherung nicht angegeben war. Vermutlich war es bei dem Aufprall, als er von der Treppe gestürzt war, geplatzt, was seinen sofortigen Tod zur Folge hatte. Für die Versicherung ein klarer Fall, und sie zahlten meiner Mutter keinen – damals noch – Pfennig der Summe aus, die sie eigentlich hätte bekommen sollen.

Ich war für meine Mutter da, wo ich nur konnte. Es tat mir weh, sie so leiden zu sehen, und ich versuchte, ihr eine Stütze zu sein, obwohl ich ja noch ein Kind war. Doch so war es bei uns schon immer, es war wie eine verkehrte Welt. Ich war das Kind, und meine Mutter suchte bei mir Zuflucht, obwohl ich diese bei ihr hätte finden sollen.

Doch es war, wie es war. Diese Zeit nach Manfreds Tod war eine für uns so unfassbar unterschiedliche Zeit. So unterschiedlich wie Tag und Nacht, wie Himmel und Hölle. Ich sah meine Mutter, wie sie trauerte, wie sie sich nur an das Gute erinnerte. Alle furchtbaren

Dinge, die er uns angetan hatte, schob sie beiseite und verdrängte sie. Ich hingegen wurde erlöst von meinem größten Leid. Für mich war es, als sei ein riesiger Stein, nein, ein ganzer Fels, von meinem Herzen gefallen. Jetzt konnte endlich mein neues Leben beginnen, ohne Schläge, ohne diese riesigen, unverzeihlichen Verletzungen meiner Seele, die ich kaum mehr aushalten konnte. Ich war endlich frei. Frei von diesem Scheusal, der mein Leben so schrecklich gemacht hatte, der mein Leben und das Leben meiner Mutter durch seine grausamen Taten und Worte bestimmt hatte. Nun würde nach all dem Leid zu guter Letzt alles besser werden. Ich hatte wieder Hoffnung, dass sich nach so langer Zeit das Blatt endlich wendet ...

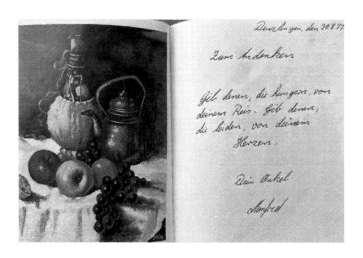

- **Kapitel 5** -

Onkel Manfred war tot. Und mit jedem Tag, den er fort war, ging es mir besser und besser. Diese von Gewalt geprägten Jahre, die uns Manfred zugefügt hatte, gingen wahrlich nicht spurlos an mir vorbei, ich ließ mir meine Freude am Leben dennoch nicht nehmen. Trotz allem, was mir widerfahren war, war ich ein aufgewecktes junges Mädchen geblieben, vielleicht ein wenig frech und ungezogen, doch mir ging es von Tag zu Tag besser.

Ich kann mich gut an das Jahr nach Manfreds Tod erinnern. Es war Fasching 1981. Schon Wochen vorher hatten meine Freundinnen und ich abgemacht, dass wir uns das nicht entgehen lassen würden. Es war eine große Feier, wir trugen die wildesten, ausgefallensten Kostüme und hatten unheimlich viel Spaß. Natürlich waren auch die Jungs aus dem Dorf dabei. Wir machten Witze und scherzten miteinander, lachten viel und tanzten überschwänglich. Ich genoss meine Freiheit wie nie zuvor.

Die ganze Zeit über sprach ich fast ausschließlich mit einem einzigen Jungen. Er war einen guten Kopf größer als ich, hatte blondes, wuscheliges Haar und riesige, braune Augen. Er war eher schlaksig, was noch durch seine Größe unterstrichen wurde, doch trotzdem gefiel er mir recht gut. Mitten im Gespräch nahm er plötzlich meine Hand und zog mich mit sich. Er ging aus dem großen bunt geschmückten Ballsaal durch die riesige Schiebetür hinaus auf den Parkplatz, wo die Autos dicht an dicht nebeneinanderstanden, und zog mich immer weiter hinter sich her. Ich blickte mich nur fragend zu meinen Freundinnen um, ging aber trotzdem mit ihm. Ich musste lachen, weil er mich so ohne ein Wort davonzog. Ich wollte wissen, was er vorhatte und fragte ihn mit glucksender, kichernder Stimme: »Hey, wo willst du denn hin? Was hast du denn vor?«

Immer noch schweigend blieben wir hinter irgendeinem Auto stehen. Er fasste mir mit seiner Hand von hinten an den Kopf, zog mich zu sich heran und drückte mir einen Kuss auf. Im ersten Moment war ich völlig perplex, spürte, wie mir die Röte ins Gesicht stieg. Ich wusste überhaupt nicht, wie mir geschah, ließ mich aber darauf ein. Aus dem Augenwinkel sah ich, wie sich meine überaus neugierigen Freundinnen hinter einem anderen Auto versteckten und uns zusahen. Wir ließen voneinander ab und grinsten uns nur an. Vermutlich war mein Gesicht immer noch krebsrot, doch es war ein tolles Gefühl. Nun hatte ich meinen ersten Kuss hinter mir, und ich muss sagen, es war ein schönes Erlebnis. Auch, wenn ich mich an seinen Namen nicht mehr erinnern kann, wird er mir doch im Gedächtnis bleiben.

Mein erster Kuss am Faschingsball, das war die nächsten Wochen das Gesprächsthema Nummer eins zwischen meinen Freundinnen und mir. Das war der Anfang und brachte den Stein ins Rollen. Jetzt war ich neugierig geworden, wollte alles ausprobieren, es konnte gar nicht schnell genug gehen.

Ich war immer schon die Erste gewesen, über Sex zu sprechen und Scherze darüber zu machen, und jetzt waren nach und nach auch die anderen Mädchen an der Reihe.

Das Jahr verging, und ich glaube, es war kurz vor meinem 14. Geburtstag, als meine Mutter wieder einen Mann kennenlernte. Mittlerweile arbeitete sie im Kreiskrankenhaus in der Großküche – zumindest ein besserer Job als der in der Kneipe. Sie brachte keine betrunkenen Männer mehr nach Hause, und mehr Geld verdiente sie auch.

Der neue Mann meiner Mutter hieß Stefan, und er kam immer öfter zu uns nach Hause. Anfangs zog ich mich, wenn er zu Besuch kam, in mein Zimmer zurück. Tief in mir hatte ich jedes Mal Angst davor, gleich wieder diese für mich so prägenden und doch vertrauten Geräusche zu hören. Ein Klatschen, eine Flasche, die am Boden zerschellt oder lautes Gebrüll. Doch dergleichen fiel nie vor. Meine anfängliche Skepsis löste sich langsam ein wenig, und ich öffnete mich wieder. Für einen neuen, hoffentlich besseren Mann an der Seite meiner Mutter.

Und das schien sich auch zu bewahrheiten. Ich hatte immer mehr den Eindruck, dass ihr diese Beziehung zu Stefan guttat und sich positiv auf ihr Wesen auswirkte. Sie war in sich ruhiger, nicht mehr so ängstlich, nicht mehr voller Trauer, nein, im Gegenteil, sie war fröhlicher, als sie es je gewesen war.

Eines Tages rief sie nach mir: »Judith, komm, wir wollen zusammen essen.«

Erst überlegte ich, ob ich nach vorne gehen sollte oder lieber nicht. Ich kannte den Mann kaum, und das war mir auch lieber so. Meiner Mutter zuliebe gab ich mir aber schließlich einen Ruck und setzte mich mit ihnen an den Esstisch. Ich wollte ihm eine Chance geben, denn immerhin war bis dahin nichts geschehen, was gegen ihn sprach.

Meine Mutter hatte etwas zu verkünden: »Judith, wir sind sehr glücklich miteinander, und das möchten wir allen zeigen.«

Stefan beendete ihren Satz mit einem breiten Grinsen: »Und deshalb möchten wir gerne heiraten.«

Ich dachte im ersten Moment: »Puh, das geht ja ziemlich schnell«, aber je mehr ich darüber nachdachte, desto besser konnte ich mit der Vorstellung leben.

Ich antwortete kurz und knapp: »Schön, ich freue mich für euch«, ob es nun tatsächlich so war oder nicht. Worauf meine Mutter wieder mit einem Strahlen, wie ich es selten bei ihr gesehen hatte, entgegnete: »Schön, dann lasst uns jetzt essen.«

In den folgenden Wochen lernte ich Stefan besser kennen. Im Gegensatz zu den Männern, die ich bisher gekannt hatte, war er sehr ruhig. Er redete mir nur gut zu, und auch wenn ich Dummheiten oder Unfug trieb, blieb er ruhig und sehr besonnen. Es war der erste Mann meiner Mutter, mit dem ich mich endlich gut verstand und der auch wusste, wie man mit Kindern und auch Frauen umgeht. Vor ihm musste ich keine Angst haben und warf bald alle meine Sorgen über Bord.

Unser Leben war viel besser als zuvor, langweilig und »normal« wurde es trotzdem nie.

Ich war noch vierzehn Jahre alt, als wieder eine Veränderung anstand. Meine Schwester, die drei Jahre älter war als ich und seit ihrer Geburt bei meiner Oma mütterlicherseits wohnte, war in eine Pflegefamilie gekommen, denn als meine Schwester in die Pubertät kam und immer rebellischer wurde, wusste sich meine Oma nicht mehr zu helfen und gab sie ab. Natürlich blieb das meiner Mutter nicht verborgen, sie besprach sich mit Stefan und holte sie zu uns nach Hause.

Unsere Wohnung hatte nur ein Kinderzimmer, also teilte ich meines mit ihr, was mich nicht sonderlich störte. So hatten wir wieder mehr Kontakt und kamen uns näher, was ich sehr genoss, schließlich war sie meine große Schwester. Wir gingen zusammen in die Disco, tanzten und tranken zusammen, schminkten uns – was Mädchen eben so machen.

Doch lange ging das nicht gut, denn meine Schwester war ein sehr freiheitsliebendes Mädchen, wollte sich von niemandem etwas sagen lassen, akzeptierte keine Grenzen und machte, was sie wollte, und das noch viel mehr als ich. Es dauerte nicht lange, da wurde dieses auflehnende Verhalten meiner Mutter zu viel. Immer wieder drohte sie ihr: »Wenn du noch einmal zu spät kommst, kannst du wieder ausziehen!«

Diesen Satz sagte sie immer wieder in der Hoffnung, er könnte meine Schwester zum Nachdenken bringen, doch im Gegenteil. Sie kam immer häufiger zu spät, manchmal kam sie gar nicht nach Hause. Es war ihr schlichtweg egal, was meine Mutter sagte. Sie hatte auch keine gute Bindung zu ihr. Ihre »Mutti« war für sie meine Oma, bei der sie gelebt hatte, seit sie ein Baby war. Das machte es meiner Mutter noch schwerer, und sie sah irgendwann keine andere Lösung mehr, als meine Schwester vor die Tür zu setzen.

Beim Auszug sagte meine Mutter: »Du kannst nicht hier wohnen. Du kannst uns gerne besuchen kommen, wenn du möchtest, aber auf Dauer funktioniert das nicht. Du widersetzt dich mir und meinen Regeln, und damit komme ich nicht zurecht.«

Meine Schwester suchte sich also eine eigene Wohnung, was wohl das Beste für alle Beteiligten war. Wir hatten recht oft gestritten, während wir zusammenlebten, weil wir auf engem Raum zusammensaßen und niemand einen Rückzugsort für sich hatte.

Nachdem sie ausgezogen war, fing sie an, in einer Boutique zu arbeiten, um sich über Wasser zu halten, was ihr recht gut gelang.

Also wohnte sie nun allein und ich mit meiner Mutter und Stefan weiter wie bisher gemeinsam in der Wohnung. Sie kam uns ab und an besuchen, und so war es für uns alle die beste Lösung. Und schon bald sollte ich froh sein, dass sie wieder bei uns zu Besuch war, denn die schlimmen Erfahrungen, die ich bis dahin mit all den Männern in meinem Leben gemacht hatte, sollten noch kein Ende nehmen.

Ich ging am Wochenende oft mit meinen Freundinnen in die Disco bei uns im Ort. Dort kam ich irgendwann mit dem Wirt ins Gespräch, und er fragte mich: »Wir könnten eine gute Putzkraft gebrauchen, wäre das nicht was für dich?«

Ich willigte ein, denn ich konnte das Geld gut gebrauchen, um mir mein Taschengeld ein wenig aufzubessern. Jeden Sonntag putzte ich also die Diskothek und das dazugehörige Restaurant.

Um in die Diskothek zu kommen, musste ich eine Wendeltreppe aus Stein hinuntergehen, an deren Ende ich schließlich in das große Kellergewölbe kam. So menschenleer war es fast ein wenig unheimlich dort unten. Völlig allein war ich dort allerdings nie, denn der Wirt, dem sie gehörte, war auch regelmäßig da. Während ich den Boden wischte und den Tresen putzte, füllte er den Kühlschrank mit Bier und die Glasregale mit hochprozentigem Schnaps auf.

Ich stand gerade hinter der Theke und befreite den Bartisch von den klebrigen Resten, die vom Vorabend noch daran hafteten, als wären sie mit Sekundenkleber festgeklebt, als der Wirt sehr nah an mich herantrat und flüsterte: »Na Kleines, ich beobachte dich schon, seit du bei uns angefangen hast zu putzen. Weißt du, ich liebe es, die Schenkel von jungen Mädchen zu küssen. Darf ich es bei dir machen? Du bekommst auch 50 DM von mir.«

»Nein, das will ich nicht!«, antwortete ich völlig erschrocken.

»Gut, aber dann nimm die 50 DM dafür, dass du niemandem davon erzählst«, sagte er hastig und winkte schnell ab.

Zum Glück war ich mit meiner Arbeit für diesen Tag fertig. Ich drehte mich einfach um und ging, ohne weiter etwas zu sagen, die Treppen hoch und zur Tür hinaus. Ich war froh, wieder auf der Straße zu stehen, und beeilte mich heimzukommen. Auf dem Nachhauseweg dachte ich: »Bald ist Weihnachten, das Geld kann ich gut gebrauchen. Ich kann Geschenke davon kaufen. Aber ein wenig mulmig ist mir schon. Hoffentlich verfolgt er mich nicht.«

Meine Schritte wurden schneller, und endlich war ich zu Hause. Trotzdem hatte ich immer noch ein merkwürdiges Gefühl und ließ sofort alle Rollläden herunter.

Meine Schwester war gerade da, und ich erzählte ihr, was passiert war und konnte loswerden, was ich fühlte.

»Du wirst nicht glauben, was mir gerade passiert ist. Der Wirt von der Disco, in der ich saubermache, ist heute zu mir gekommen und wollte mir meine Schenkel küssen, dieser Lustmolch. Er hätte mir 50 DM dafür gegeben, aber natürlich habe ich abgelehnt.«

Mit entsetztem Blick antwortete sie: »Ist nicht wahr, ist der Typ irre, oder was?«

»Total irre ist der. Das Geld hat er mir trotzdem gegeben, damit ich niemandem etwas erzähle.«

Natürlich erzählte meine Schwester das sofort meiner Mutter und ihrem Mann Stefan. Sie waren ebenso entsetzt wie meine Schwester und wollten sofort etwas dagegen unternehmen. Gemeinsam gingen sie zum Wirt, und dann wurde Tacheles geredet, wie mir meine Mutter später erzählte. Die beiden nahmen kein Blatt vor den Mund, und selbst der immer ruhige Stefan wurde wütend. Sie gaben ihm seine 50 DM zurück. Dem Wirt war die Situation natürlich extrem unangenehm, und er versprach, dass es nie wieder vorkommen würde. Er hatte nicht damit gerechnet, dass ich es jemandem sagen würde.

Später bekam ich einige Gespräche der Dorfbewohner mit. Der Wirt war wohl bekannt dafür, dass er junge Mädchen belästigte. Man munkelte, dass er sogar seine eigene Tochter geschwängert hatte, die das Kind auch gesund zur Welt brachte.

Trotzdem verdiente ich mir mein Geld weiterhin dort, denn das konnte ich zu der Zeit gut gebrauchen, denn viel Taschengeld bekam ich von meiner Mutter nicht. Wo hätte sie es auch hernehmen sollen. Und von dem Wirt ging seit dem Gespräch mit meiner Mutter und Stefan keine Gefahr mehr aus. Er ging mir seit diesem Tag aus dem Weg.

Bald war es so weit, meine Abschlussfeier stand an und damit auch der Start in mein Arbeitsleben.

Doch zuvor sollte es noch eine riesige Überraschung für mich geben. Eines Abends kam ich nach Hause und sah meine Mutter im Wohnzimmer mit Stefan auf dem Sofa sitzen. Sie saßen einfach da, und als ich hereinkam, standen beide wie auf Kommando auf, als hätten sie bereits seit Stunden auf mich gewartet. Stefan fing an zu sprechen: »Wir haben dir etwas zu sagen.«

Ich überlegte kurz, ob ich etwas angestellt hatte oder ob irgendetwas passiert war. Mir kam nichts in den Sinn, ich war mir keiner Schuld bewusst.

Dann redete meine Mutter weiter, und schnell wurde klar, dass es nichts mit mir zu tun hatte. Wie aus der Pistole geschossen sagte sie: »Ich bin schwanger!«, und beide lächelten mich erwartungsvoll an.

Kurz und knapp antwortete ich: »Glückwunsch«, und drehte mich noch im Türstock um und ging in mein Zimmer. Ich schloss die Tür hinter mir, und sofort schossen mir tausend Gedanken durch den Kopf.

»Meine Mutter noch ein Kind? In ihrem Alter? Ob das gutgeht? Und was ist mit mir? Wo soll es denn schlafen? Wir haben nur ein Kinderzimmer. Es ist doch alles gut so, wie es jetzt ist.«

Ich war völlig überrumpelt und musste erst alles in meinem Kopf sortieren und all meine Gedanken, die zu Anfang mit vielen Ängsten verbunden waren, ordnen.

Je mehr Zeit verging, je näher die Geburt rückte, desto mehr wurde mir klar, dass ich nichts dagegen tun konnte, ich musste mich wohl oder übel damit auseinandersetzen. Mit meiner Angst, meine Mutter würde dieses Kind mehr lieben als mich.

Bald stand fest, dass es ein Junge werden würde. Der Bauch meiner Mutter wurde immer größer und ich immer unsicherer. Einige Wochen später war es so weit und mein kleiner Bruder Simon wurde geboren.

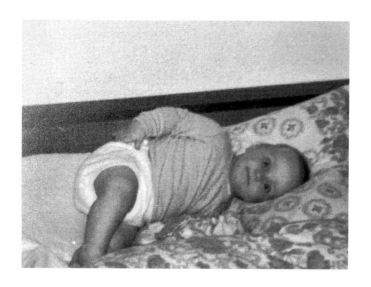

Am Anfang drehte sich natürlich alles nur um meinen Bruder. Die beiden waren überglücklich und ich befürchtete, sie würden mich gänzlich vergessen oder vielleicht einfach beiseiteschieben. Ich fühlte mich als fünftes Rad am Wagen, als Störenfried, den sowieso niemand gebrauchen konnte. Das wirkte sich auch auf mein Verhalten aus. Ich wurde immer frecher, zog mich immer mehr zurück. Ich baute eine Schutzmauer auf, um mein Inneres vor diesen unschönen Emotionen zu schützen. Dabei begleitete mich niemand, und trotz allem fühlte ich mich immer noch einsam, vor allem, wenn ich zu Hause war.

Langsam neigte sich meine Schulzeit dem Ende entgegen, und ich war oft im Dorf unterwegs. Meine Freundin Inge erzählte mir von einer Frau, deren Hündin vor einigen Wochen Welpen bekommen hatte. Ich wünschte mir nichts sehnlicher als einen eigenen Hund, einen Gefährten, der mit mir durch dick und dünn ging, mit dem ich mich nicht mehr so einsam fühlen würde. Da kam mir die Idee, ich könnte mir einfach einen kleinen Welpen holen. Früher oder später würde meine Mutter ihn lieben lernen, wenn er erst da wäre. Also gingen wir gemeinsam zu dieser besagten Frau, die nur ein paar Straßen entfernt wohnte. Ich klingelte, und die große Tür aus dunklem, massivem Holz wurde geöffnet. Schon von draußen hörte ich die Hunde aus dem Haus bellen und fiepen. Mein Herz fing schon wie wild an zu pochen, und ich versuchte, die Dame höflich anzusprechen: »Guten Tag, ich habe gehört, Sie geben kleine Welpen ab?«

»Da hast du richtig gehört. Insgesamt haben wir fünf Welpen bekommen. So viele können wir nicht behalten. Hast du denn die Erlaubnis deiner Eltern?«, entgegnete sie. Sie schien sich schon zu freuen, dass ihr endlich jemand einen der Welpen abnahm.

Ich hatte schon vermutet, dass sie mich nach meinen Eltern fragen würde. Also log ich sie einfach an: »Aber natürlich, meine Mutter hat es mir erlaubt. Sie hatte heute nur keine Zeit mitzukommen. Wir suchen schon lange nach einem Hund.«

Freudig sagte die Dame: »Das ist ja wunderbar. Komm herein und such dir einen aus.«

Ich ging mit ihr ins Haus und suchte mir den schönsten aller Welpen aus. Er hatte langes, struppiges Fell und sah aus wie ein kleines Wollknäuel.

Ich bedankte mich tausend Mal bei der Frau und lief schnurstracks mit dem kleinen Welpen auf dem Arm die Straße zurück nach Hause. An der Kreuzung, die zu unserer Wohnung führte, verabschiedete ich mich noch von Inge, die in die entgegengesetzte Richtung musste.

Zu Hause blieb natürlich nicht aus, dass meine Mutter den Welpen sah. Sie musste zwei Mal hinsehen, um zu begreifen, was los war.

»Judith, was hat dieser Hund hier zu suchen?«, fragte sie streng.

Ich wollte den kleinen Welpen, den ich schon auf den Namen »Pünktchen« getauft hatte, unbedingt behalten. Also war ich um keine Ausreden, oder besser gesagt, keine Lügen verlegen.

»Meine Freundin Inge fährt in den Urlaub und hat mich gefragt, ob ich auf ihn aufpassen kann, solange sie weg ist. Sie kann ihn wohl schlecht allein lassen, also habe ich zugestimmt«, flunkerte ich.

Sie reagierte blitzschnell und sagte: »Na gut, dann musst du mir das schriftlich bringen. Natürlich von ihren Eltern unterschrieben.«

Ich wusste im ersten Moment gar nicht, was ich sagen sollte. Damit hatte ich nicht gerechnet. Da käme ich nun nicht mehr einfach so heraus.

Ich hatte gehofft, dass meine Mutter, sobald der Welpe im Haus war, sich auch in ihn verlieben würde und ich ihn behalten konnte. Das war zumindest der Plan. Doch am Ende konnte ich meine Lüge unmöglich aufrecht halten, und sie flog letzten Endes auf.

Meine Mutter war so wütend, dass sie sofort den kleinen zuckersüßen Welpen Pünktchen in eine Einkaufstasche packte und ihn zu der Dame, von der ich ihn geholt hatte, zurückbrachte.

Mir zerriss es das Herz, denn ich war fest davon überzeugt, dass mein Plan funktionieren würde, und hatte mich schon darauf eingestellt, mich um den kleinen Pünktchen zu kümmern und er sich vielleicht auch ein wenig um mich. Ich war am Boden zerstört. Nie lief mein Leben so, wie ich es mir vorstellte, nie bekam ich das, was ich im Grunde meines Herzens wollte. Und so suchte ich immer öfter Trost an den Wochenenden, die ich mit meinen Freundinnen in der Disco verbrachte, und fand ihn auch.

Kurz vor meiner Abschlussfeier bestand ich noch meine Mofaprüfung. Damals schenkte mir mein Onkel ein

Mofa der Marke Hercules, das schon ziemlich alt war und viele Gebrauchsspuren aufwies, die sich nicht mehr schönreden ließen. Ich fuhr nicht lange damit, dann zerfiel das Mofa schon fast in seine Einzelteile. Bei jeder Fahrt lockerte sich ein Teil mehr. Also war es an der Zeit, mir etwas anderes zu suchen. Natürlich auch ein gebrauchtes Mofa, denn für mehr reichte mein Erspartes nicht. Nach der Hercules wurde es eine alte Bravo. Ich war hin und weg. So konnte ich alle Entfernungen in viel kürzerer Zeit zurücklegen als mit dem Fahrrad, und auch noch viel bequemer.

Mit meinen Schulkameraden fuhr ich nach Freiamt, wo es viele Bauernhöfe gab. Die Menschen, die dort auf dem Land lebten, nannten wir »Wälder«. Wir verstanden uns aber gut mit ihnen und fuhren gemeinsam in Diskotheken, feierten, tanzten, knutschten mit den Jungs und hatten unseren Spaß.

Eines Tages kamen wir aus der Disco und wollten mit dem Mofa wieder zurück in unser Dorf fahren, aber meine geliebte Bravo war nicht mehr da. Sie war gestohlen worden, während ich in der Disco meine Zeit genoss. Bis heute weiß ich nicht, wer es war, und habe mein Mofa auch nie wiedergesehen.

Trotz dieses kleinen Zwischenfalls war es eine tolle Zeit, die wir alle genossen. Frei von allen Sorgen auf den Straßen Baden-Württembergs.

Schon bald nach unserer wilden Mofazeit feierten wir unseren Abschluss. War ich froh, nicht mehr jeden Tag zur Schule gehen zu müssen. Wir waren eine großartige, starke Klassengemeinschaft und nicht nur das: Wir waren alle miteinander befreundet, verbrachten unsere Freizeit miteinander und halfen uns gegenseitig. Wir hielten zusammen, und das war ein großer Gewinn für mein Leben. Ich fühlte mich dazugehörig, wurde selbst wegen meiner Sehbehinderung nicht ausgeschlossen und nicht gehänselt und war dafür sehr dankbar.

Umso mehr freute ich mich auf die große Abschlussfeier. Schon Wochen vorher probten wir unsere Choreografie für eine gemeinsame Tanzaufführung. Jede der Abschlussklassen führte ein anderes Stück auf, und der Abend verging sehr schnell mit einer Aufführung nach der anderen. Am Ende bekamen alle tosenden Applaus, und anschließend wurden die Zeugnisse überreicht. Ob sie gut ausfielen oder nicht – gefeiert wurde trotzdem bis spät in den Abend. Wir tanzten und lachten, sprangen herum und freuten uns, dass wir es geschafft hatten.

Nach der offiziellen Abschlussfeier war es natürlich noch nicht vorbei. Wir waren so in Feierlaune, dass noch niemand nach Hause wollte. Meine Freundin Inge, noch einige andere und ich beschlossen, mit den Jungs nach Hause zu fahren. Einer von ihnen hatte über das Wochenende das ganze Haus für sich, denn seine Eltern waren auf einer Geschäftsreise. Gut für uns, so konnten wir tun und lassen, was wir wollten.

Im Wohnzimmer gab es eine kleine Bar mit vielen verschiedenen edlen Cognac-Sorten, an der wir uns wie selbstverständlich bedienten. Der Wein aus dem Keller wurde auch nicht verschmäht, und so tranken wir die ganze Nacht. Stunde um Stunde verging, und der Alkohol ließ uns all unsere Hemmungen verlieren. Wir knutschten wild mit den Jungs herum, und ehe wir uns versahen, war es schon früh am Morgen, bis wir irgendwann alle völlig betrunken und erschöpft vom vielen Tanzen einschliefen.

Schon nach ein, zwei Stunden wachte ich auf und da traf es mich wie ein Blitz. Ich hätte schon längst zu Hause sein müssen! So schnell ich konnte, griff ich nach meinen Sachen, die im ganzen Wohnzimmer verteilt waren, und machte mich auf den Weg nach Hause. Sobald ich draußen im Freien war, blendete mich das Tageslicht. Es stach in meinen Augen, als wäre ich ein Vampir, und vermutlich war ich nach dem vielen Alkohol und dem wenigen Schlaf auch genauso blass.

Als ich nach Hause kam, versuchte ich, so leise wie möglich zu sein. Vielleicht wurde meine Mutter nicht wach und dachte, ich sei die ganze Nacht zu Hause gewesen.

Natürlich stand sie bereits im Flur und erwartete mich. Sie war offensichtlich sehr wütend und fing an, mich anzubrüllen: »Wo kommst du denn jetzt her, mein Fräulein? Du hättest um 23:00 Uhr zu Hause sein sollen! Auf dich kann man sich einfach nicht verlassen!«

Kleinlaut und mit gesenktem Blick entgegnete ich nur, immer noch betrunken: »Tut mir leid, Mama.«

»Nächstes Wochenende hast du Hausarrest, hast du verstanden? Vielleicht lernst du so, dich an die Regeln zu halten! Und deine Fahne rieche ich bis hierher, junge Dame, du bist gerade mal fünfzehn, das kann doch nicht wahr sein«, schimpfte sie weiter.

Mich wunderte es nicht, dass sie den Alkohol roch, denn sie trank selbst nie, und wir hatten die ganze Nacht durchgefeiert. Und mit nur zwei Stunden Schlaf dazwischen war klar, dass nicht viel Unterschied zwischen meinem Geruch und dem einer alten Schnapsleiche lag.

Wieder einmal war ich die Einzige aus meinem Freundeskreis, die für einen schönen Abend gleich büßen musste. Ich war auch die Einzige, die früh zu Hause sein musste. Zu früh, meiner Meinung nach.

Oft trafen wir uns alle am Wochenende in der Disco, in der ich noch immer sonntags putzte. Gerade, als alle da waren, gerade, als es anfing, Spaß zu machen und die Stimmung immer ausgelassener wurde, musste ich mich schon wieder auf den Heimweg machen.

Meine Mutter ermahnte mich regelmäßig: »Judith, überlege gut, was du tust. Wenn du auch nur eine Minute zu spät kommst, wirst du das Wochenende danach nirgendwo hingehen.«

Natürlich bekam ich diese Strafe immer öfter, denn bekanntlich ist es schwer, sich zu lösen, wenn alle anderen noch bleiben und man eigentlich gar nicht gehen möchte. Irgendwann übernachtete ich immer öfter bei meiner Freundin Inge, um diese Vorschrift meiner Mutter zu umgehen, was auch einigermaßen funktionierte. Doch ihre Eltern waren selbstverständlich nicht damit einverstanden, dass ich jedes Wochenende bei ihnen verbrachte. Also ließ ich mir noch andere Möglichkeiten einfallen.

Jeder Mensch hat Dinge im Haushalt zu tun, die er einfach nicht mag. Bei meiner Mutter war es das Bügeln der Wäsche, sie hasste es regelrecht. Also bot ich ihr immer öfter an, ihre Wäsche zu bügeln, allerdings nicht für einen Abend mit Open End, nein, nur für eine

Stunde mehr bürdete ich mir diese Arbeit auf, so verzweifelt war ich.

Eine andere Möglichkeit fand ich darin, auf meinen kleinen Bruder Simon aufzupassen. Meine Mutter und ihr Mann Stefan gingen jeden zweiten Samstag im Monat mit ihren Freuden zur Kegelbahn in unserem Dorf. Abends gegen 17:00 Uhr verließen die beiden das Haus, und ich kümmerte mich in dieser Zeit um meinen Bruder. Gegen 19:00 Uhr brachte ich Simon ins Bett und wartete, bis die beiden wiederkamen. Denn immer, wenn ich vorher auf ihn aufgepasst hatte, durfte ich, wenn die beiden wieder zu Hause waren, für eine oder zwei Stunden das Haus verlassen.

An einem dieser Samstage war meine beste Freundin Inge zu Besuch. Als meine Mutter und Stefan gegen 22:00 Uhr nach Hause kamen, saßen wir schon im Wohnzimmer und warteten darauf, endlich gehen zu können. Wir waren fertig angezogen, hatten unsere Haare gestylt und uns gegenseitig geschminkt. Unser Plan für diesen Abend war klar: auf direktem Weg in die Bar. Und danach sollte es für mich zu meinem damaligen Schwarm Robert gehen. Die Bar war die erste Anlaufstelle, denn ich dachte, ich müsste mir Mut antrinken für mein Treffen mit ihm.

Dort nahm ich aus jeder Flasche, die greifbar war, einen oder zwei ordentliche Schlucke, danach verabschiedete ich mich von Inge mit einem Kuss auf die Wange und machte mich auf den Weg zu Robert. Ich hatte keine Zeit zu verlieren, denn ich musste ja schon bald wieder zu Hause sein.

Zu meinem Glück wohnte er nicht weit entfernt, weder von der Bar noch von unserer Wohnung. Dort zeigte der Alkohol aber schon seine Wirkung, meine Wangen waren rot und heiß, meine Beine kribbelten. Ich versuchte, so souverän wie möglich zu wirken und überfiel ihn sofort mit einem wilden Kuss. Doch schon kurz danach schlug der Alkohol mit voller Wucht ein, und ich merkte, wie mir die Übelkeit den Hals hochkroch. Ich sprang auf und lief nach draußen, und das gerade noch rechtzeitig, denn ich stand kaum auf dem Rasen vor dem Haus, da zwang mich die Übelkeit auch schon dazu, mich zu übergeben.

Robert lief mir nach und schaute mich nur verdutzt an. Dieser Abend war wohl gelaufen, und jetzt war es nicht mehr die Röte des Alkohols, sondern die Schamesröte, die mir ins Gesicht stieg.

Mehr als ein: »Tut mir leid, Robert, ich muss nach Hause«, brachte ich nicht mehr heraus und lief einfach davon. Den verdatterten Robert ließ ich ohne weitere Erklärungen einfach stehen und hoffte, er würde es einfach vergessen.

Nach diesem Vorfall dauerte es nicht mehr lange, bis unsere Beziehung zu bröckeln begann. Ich hatte ohne Alkohol zu große Hemmungen, und vermutlich ging es ihm nicht schnell genug. Ich war noch nicht bereit für mehr, obwohl ich damals sehr in ihn verliebt war.

Schon zwei Wochen später hatte er eine andere Freundin, und ich war für ihn vergessen.

Solche Rückschläge standen für mich regelmäßig in Verbindung mit Ablehnung und einem Gefühl des »nicht gut genug seins«. Einige Tage lang war ich zu nichts fähig, lag nur in meinem Bett, wollte niemanden sehen und wollte, oder besser gesagt, konnte, mit niemandem darüber reden. Dazu war ich zu stolz. Also kämpfte ich mich einige Tage allein durch meine Trauer und diese erneute Einsamkeit.

Als das Wochenende bevorstand, raffte ich mich wieder auf, denn das Mittel der Wahl nach einer solchen Trauerzeit war, nach draußen zu gehen, mich mit meinen Freunden zu treffen und Spaß zu haben. So konnte ich mich am besten trösten und ablenken. Wie gut das tatsächlich funktionierte, wusste ich noch nicht, wenn ich mich am Freitagabend zum Ausgehen auf Vordermann brachte.

Wie immer war auch Inge dabei, wir trafen uns bei mir und standen gemeinsam geraume Zeit vor dem Spiegel. Unser knalliges Make-Up bestand aus hoch deckender Foundation, knallblauer Wimperntusche und pink betonten Lippen. Als wir unseren Look nach stundenlangem Herumtüfteln und einem riesigen Kleidungsberg später für gut befunden hatten, starteten wir in die dunkle, kühle Nacht. In unserer Stammdisko, der Krabbenstube, starteten wir unseren Abend wie immer an der Bar. Einige Drinks später machten wir gemeinsam mit unseren anderen Freunden, die schon vor uns gekommen waren, die Tanzfläche unsicher.

Wie aus dem Nichts kam ein großer, gutaussehender junger Mann von hinten an mich heran und tanzte mit mir. Ich war schon angetrunken und fing an zu lachen, weil es das erste Mal war, dass ich so mit einem jungen Mann ins Gespräch kam. Später standen wir an der Bar und führten einen kleinen Small Talk, bis wir nach einer erneuten kurzen Tanzeinheit gemeinsam das Lokal verließen.

Er sagte: »Du kannst gerne bei mir übernachten. Allein musst du nicht nach Hause gehen, das wäre zu gefährlich.«

Dieses Angebot nahm ich dankend an, denn ich hatte mich wieder maßlos überschätzt und zu viel getrunken.

Wie sich herausstellte, war er schon 21, was mich aber an diesem Abend nicht weiter störte. Wir fuhren also zu ihm nach Hause. Dort knutschten wir völlig hemmungslos herum, und ehe ich mich versah, lag ich auf seinem Bett in meiner weißen Spitzenunterwäsche, die ich vor kurzem von meiner Oma Erika geschenkt bekommen hatte.

Plötzlich ergriff mich eine seltsame Ängstlichkeit, und ich dachte: »Was passiert denn hier? Ich bin noch gar nicht bereit dafür. Wir kennen uns kaum.« Ich zog meine Hose wieder an und sagte: »Ich will lieber nach Hause, ich kann das noch nicht.«

Er fuhr mich nach Hause, wo wir im Auto noch Nummern austauschten. Am nächsten Tag ließ ich mir alles noch einmal durch den Kopf gehen und kam zu dem Entschluss, dass er mir ein wenig zu alt war. Ich war erst 15 und er 21. Er hatte völlig andere Vorstellungen von einer Beziehung als ich. Also rief ich ihn an und sagte: »Das mit uns, das wird nichts, wir sind zu unterschiedlich. Das geht mir alles zu schnell.«

»Judith, ich mag dich so gerne, überlege es dir noch einmal. Wir können doch darüber reden«, entgegnete er mit gedrückter Stimme.

Offensichtlich hatte er sich mehr erhofft, aber für mich fühlte es sich einfach nicht richtig an. Ich würgte ihn am Telefon ab. Danach rief er mich noch einige Male an und versuchte, mich umzustimmen, doch das verstärkte mein Gefühl nur noch mehr. Irgendwann gab er auf, und ich hörte nichts mehr von ihm.

Inzwischen hatte ich meine Ausbildung beim Kleidungsgeschäft »Keilbach Kleinpreis« in Emmendingen begonnen. Stefan kannte die Filialleitung dort und hatte dort ein gutes Wort für mich eingelegt. Ich ging einmal in das Kleidungsgeschäft, um dort einen Probearbeitstag zu absolvieren, und nach ein paar Stunden Arbeit und einem kurzen Gespräch mit Herrn Gert war für mich klar: Das ist es. Damit möchte ich mein Geld verdienen. Kurz danach unterschrieb ich gemeinsam mit meiner Mutter meinen Ausbildungsvertrag und fing mit damals fünfzehn Jahren an zu arbeiten.

Für mich war es die beste Arbeitsstelle weit und breit. Ich durfte Kleidung mit nach Hause nehmen und war deshalb auf jeder Party der Hingucker, weil ich modisch auf dem neuesten Stand war, was mir so einige bewundernde, aber auch neidische Blicke bescherte.

Ich war noch nicht lange in der Arbeitswelt angelangt, da musste ich krankheitsbedingt schon wieder eine Pause einlegen. Mein rechtes, blindes Auge wurde zum zweiten Mal operiert. Der Sehnerv, der sich mit der Zeit immer mehr weitete, musste gekürzt werden, um ein Umherrutschen des Auges zu verhindern. Dadurch fiel ich einige Wochen ins Krankengeld, und mein Ausbildungsgehalt war ohnehin recht knapp, doch ich wollte weiter am Wochenende ausgehen und mir auch die traditionellen Feste im Umkreis nicht entgehen lassen. So kam es auch vor, dass ich das uneingeschränkte Vertrauen, das meine liebste Oma Lisbeth in mich hatte, ab und an ausnutzte, wenn auch nicht böswillig.

Gerade war ich wieder aus dem Krankenstand zurückgekommen, da stand der Frühling schon vor der Tür. Es war ein wunderbarer, schon wohlig warmer Tag. Die Vöglein zwitscherten, die Natur erwachte aus ihrem langen Winterschlaf. Die Maiglöckchen blühten auf den Wiesen, und es duftete nach der frischen, und doch immer wärmer werdenden Luft. Der Frühling hatte den Winter längst vertrieben, und es war Zeit für das jährliche Frühlingsfest im Ort.

Schon Tage vorher, wenn wir vorbeifuhren und zusahen, wie alle Zelte und Fahrgeschäfte aufgebaut wurden, freuten wir uns auf die wenigen Tage im Jahr, an denen einfach alle zusammenfanden. Wir feierten den Frühling und alles, was das Jahr noch bringen mochte.

Als am ersten Freitag die Tore geöffnet wurden, versammelten alle Jugendlichen sich nur an einem Fahrgeschäft, dem Box-Auto, wie es bei uns früher hieß. Heute hört man immer öfter die Bezeichnung Autoscooter, für uns war es das gute alte Box-Auto. Ich glaube, eine Fahrt kostete damals 1 DM, und für zwölf Fahrten bezahlten wir einen Vorteilspreis von nur 10 DM. Doch das Geld musste ja irgendwo herkommen. Wegen unserer vielen Wochenenden in den Diskotheken blieb mir von meinem Ausbildungsgehalt nicht viel übrig, vielleicht hätte es für 15 oder 20 Fahrten gereicht. Aber so ein Tag auf dem Rummelplatz war lang, also überlegte ich mir eine andere Lösung.

Am Vortag ging ich zu meiner Lieblingsoma Lisbeth und ließ mir eine Geschichte einfallen, warum ich dringend Geld brauchte. Ich erzählte ihr, alle meine Schuhe seien durchgelaufen und dass ich keine anständige Jacke mehr hatte. Für das Sommerjäckchen war es abends noch zu frisch, und sie hätte es nie übers Herz gebracht, mich leiden zu sehen. Mit einem offenbar sehr überzeugenden, wehmütigen Blick sagte ich: »Oma, du weißt doch, wie es bei Mama ist. Das Geld ist immer knapp, und sie haben gerade so viel mit Simon zu tun. Er braucht ständig neue Sachen, weil er so schnell wächst. Würdest du mir etwas dazugeben?«

Oma Lisbeth überlegte nicht lange. Ihr Herz war einfach zu groß für diese Welt.

»Aber natürlich, mein Kind. Hier hast du 100 DM, geh und kauf dir etwas Schönes«, antwortete sie liebevoll, drückte mir mit ihren alten Lippen einen Kuss auf die Stirn und gab mir das Geld.

»Und jetzt mach, dass du wegkommst, bevor ich es mir noch anders überlege!«, scherzte sie und lächelte.

Ich umarmte sie stürmisch, weil ich mich so freute, und lief wieder nach Hause.

So hatte ich mir trotz meiner finanziell miserablen Situation das Geld verschafft, um wie alle anderen auch, Box-Auto fahren zu können. Anfangs dachte ich: »100 DM, Wahnsinn, das ist eine Menge Geld. Dann ist das nächste Wochenende auch schon gesichert.«

Der Tag am Rummelplatz war wie erwartet lang, wir fuhren eine Runde nach der anderen, und ehe ich mich versah, hatte ich am Ende des Tages die 100 DM nur beim Box-Auto ausgegeben.

Irgendetwas musste ich unternehmen. Ich war genervt, dass mein Geld nie ausreichte.

Meine Mutter kannte die Wirtin der Kantine, in der außer dem Abendbetrieb auch für die Arbeiter der Rammie-Fabrik gekocht wurde, und sprach sie an. Die Wirtin sagte, dass sie so viel Arbeit hätte und gut Hilfe gebrauchen könnte. Ich musste nicht lange überlegen und beschloss, in der Rammie-Kantine in Emmendingen den Ausschank zu übernehmen. Dieser Job war um einiges lukrativer als mein alter Putz-Job. An einigen Tagen im Monat, meistens Freitag oder Samstag, deckte ich den Mittagstisch für die Arbeiter der Fabrik und brachte ihnen das Essen an den Tisch. Aber ich stand auch abends hinter der Theke und gab die Getränke aus, wodurch an einem feuchtfröhlichen Abend hin und wieder eine gute Summe an Trinkgeld zusammenkam, das ich bei unseren ausgiebigen Diskotouren wieder verprasste. So konnte ich mein Gehalt ein wenig aufstocken und kam insgesamt besser um die Runden.

Wenn ich hinter der Theke stand und alles und jeden von der anderen Seite aus betrachtete, erfuhr ich einiges, was unter üblichen Umständen im Verborgenen blieb. Manchmal beobachtete ich, ob ich wollte oder nicht, die Menschen, denen ich ihr Getränk gab.

Jeder Mensch hat seine Schattenseiten, die besonders dann zum Vorschein kommen, wenn Alkohol im Spiel ist. Und wenn ich selbst nüchtern war, fielen mir solch ungewöhnliche Dinge viel mehr auf als sonst.

An einem frostigen Abend im Winter war Vera, die Wirtin, nicht da. Wir hatten einen Stammgast, Dirk, der es schon immer auf Mädchen abgesehen hatte, die deutlich jünger als er, vor allem unter 18 Jahre alt waren. Ich stand also hinter der Theke, gab ihm sein Getränk und dachte mir auch nichts weiter dabei, obwohl ich um seinen Ruf bereits wusste. Je höher sein Pegel stieg, desto anzüglicher wurde er, dieses Mal auch mir gegenüber.

»Komm schon, stell dich nicht so an, ich seh doch, dass du auch willst«, lallte er mir mit seiner fast unerträglich stinkenden Schnapsfahne entgegen.

Das war der eine Tropfen, der das Fass zum Überlaufen brachte, mir wurde es einfach zu viel, ich wusste nicht mehr, was ich noch sagen sollte.

Eine gute Freundin der Wirtin hatte ebenfalls die Aufgabe, an diesem Abend die Getränke auszugeben, also übergab ich einfach an sie und lief nach draußen.

Ich holte erst einmal tief Luft. Das durfte doch nicht wahr sein, dass ich immer wieder mit solchen alten, ekelerregenden Männern zu tun hatte, die nichts weiter taten als saufen und Mädchen angraben. Warum traf es mich?

Ich lief auf der dunklen Straße immerzu hin und her, von einer Straßenlaterne zur nächsten und wieder zurück. Allmählich fing ich an zu frieren, und verschränkte die Arme vor meiner Brust. Mein warmer Atem war in der klirrenden Kälte wie kleine, aufsteigende Rauchschwaden zu sehen. Gerade hatte ich beschlossen, wieder zurückzugehen, um dort auf Vera zu warten, da sah ich, wie ihr grauer Volkswagen um die Kurve kam und neben mir in die breite, gepflasterte Einfahrt fuhr. Mir fiel ein Stein vom Herzen, denn ich hätte nicht gewusst, wie ich mich weiter hätte verhalten sollen.

Schnell lief ich zu ihr und wartete gar nicht erst, bis sie ausgestiegen war. Ich riss die Tür ihres Autos auf und berichtete ihr aufgeregt: »Vera, stell dir vor, Dirk ist wieder völlig neben der Spur. Dieses Mal wollte er mich anbaggern und hat mich ständig blöd von der Seite angequatscht, bis es mir zu viel wurde. Er sagte, ich soll mich nicht so anstellen, er merkt doch, dass ich ihn auch will! Ich wusste nicht mehr, was ich noch machen sollte, er hat einfach nicht mehr aufgehört.«

Wortlos ging die Wirtin Vera in ihr Geschäft, wo Dirk nach wie vor wie festgeklebt auf dem Barhocker saß, um alle Mädchen um ihn herum beobachten zu können. Schnurstracks marschierte sie mit lauten, großen Schritten auf Dirk zu und machte keine fünf Zentimeter vor seinem Gesicht Halt.

»Du alter Suffkopf, jetzt hör mir mal genau zu! Du bist hier in meinem Laden! Das sind meine Mädchen, die hier hinter der Theke stehen und dir kleinem Schlucker seine Getränke geben. Ich sag es dir Dirk, reiß dich bloß am Riemen, sonst wars das für dich, und du lernst mich kennen, ist das klar? Lass die Mädchen in Ruhe und such dir was in deinem Alter, ist das jetzt in deiner versoffenen kleinen Birne angekommen?«, schimpfte sie wütend, während Dirk auf seinem Barhocker immer weiter zusammenschrumpfte.

Alle, die gerade im Laden waren, sahen sich um, denn Veras gewaltige rauchige Stimme war nicht zu überhören, und das war auch gut so.

»Ja, Chefin, na klar, hab dich verstanden«, antwortete er immer noch lallend, aber dieses Mal auffallend kleinlaut, während er sein Portemonnaie herauskramte und mir 20 DM als Trinkgeld in die Hand drückte, was wohl seine Entschuldigung sein sollte.

»Kommt nicht mehr vor, versprochen«, rief er Vera noch nach, als sie an ihm vorbei nach hinten in ihr Büro ging.

Seit diesem Tag hatte weder ich noch ein anderes Mädchen etwas vor ihm zu befürchten. Egal, wie betrunken er war, er hatte Veras Ansage wohl nie wieder vergessen und wollte unter keinen Umständen seinen Stammplatz verlieren, also versuchte er stets, sich unter Kontrolle zu halten, was ihm erstaunlicherweise gut gelang.

Im Gegensatz zu Jörg, dem schlimmsten Stammgast, den wir dort je hatten. Er war damals für mich einfach nur ein alter Mann, sicher über 60, aber auch er zeigte erst sein wahres Gesicht, wenn er seinen Pegel erreicht hatte. Wir hatten viele von diesen alten Säufern, die regelmäßig zu uns kamen, um sich hier in Gesellschaft zu betrinken, aber diesen Jörg werde ich nie vergessen.

Eines Abends hatte ich wieder Dienst. Mittlerweile kannte ich viele unserer Stammgäste recht gut, wusste, wer was trank, welche Sorte Bier ihnen am liebsten war, wer welchen Schnaps trank, und auch so manche privaten Dinge bekam ich zu hören.

Jörg war bis zu diesem Abend mir gegenüber immer sehr verschlossen gewesen. Wir hatten allerdings auch noch nie die Zeit oder Gelegenheit, uns auszutauschen, wie es so mit den Stammgästen üblich war. Obwohl ich im Nachhinein wohl froh gewesen wäre, wenn es nie dazu gekommen wäre.

An diesem Abend war er von Anfang an da, und ich hatte nicht sonderlich viel zu tun, weil die Kantine an diesem Abend nicht so gut besucht war wie gewöhnlich. Er trank ein Bier nach dem anderen, bis er auf die Idee kam, er könnte auch auf etwas Hochprozentiges umsteigen. Also schenkte ich ihm ein gutes Glas braunen Rum ein und sah ihm zu, wie er es auf einen Zug austrank. Gleich danach verlangte er Nachschub, und ich füllte ihm das Glas erneut.

Fast hätte man meinen können, er wollte sich Mut antrinken. Hätte ich vorher gewusst, was er danach erzählen würde, wäre es mir schon klar gewesen, wieso man sich dafür Mut antrinken musste.

Nach dem zweiten Glas fing er plötzlich an, über sich zu erzählen, was er vorher noch nie getan hatte.

»Weißt du, meine Liebe«, fing er an zu berichten. »Es gibt nicht viel auf der Welt, was mich richtig anturnt. Eines der wenigen Dinge, die absolut erregend sind, ist es, wenn eine Frau mit ihren unfassbar sexy dünnen Pfennigabsätzen auf einen harten Käfer steigt und man hört, wie es ihm seinen kleinen Panzer zerdrückt.«

Mir wurde schlecht, und ich bat ihn angewidert: »Igitt, hör auf, Jörg. So etwas Ekelhaftes will ich gar nicht hören.«

Er überhörte mich gekonnt und setzte seine fast schon poetische Gedankenreise fort: »Es muss auch kein Käfer sein, nein, auch ein Frosch ist in Ordnung, Hauptsache, ich höre das Geräusch, wie das Tier zerdrückt wird. Das ist wie ein Vorspiel für mich, und danach kann es losgehen.«

»Schluss jetzt!«, schrie ich immer noch voller Ekel und absolut entsetzt über diese Abgründe, die in Menschen schlummerten, während ich ihm mein Geschirrtuch vor die Nase pfefferte, um ihn aus seinem ekelerregenden Tagtraum zu reißen.

Jörg erschrak kurz und hörte endlich auf. Ihm war wohl gerade klar geworden, was er da überhaupt erzählt hatte. Doch es schien ihn nicht weiter zu stören, denn er blieb den ganzen Abend bis Ladenschluss und trank und trank und trank.

An diesem Abend vermied ich es, ihn zu bedienen, denn ich wollte und konnte mir nicht noch weitere Geschichten seiner dunkelsten Fantasien anhören.

Als ich endlich Feierabend hatte, wollte ich nur nach Hause in mein Bett. Wenn ich selbst das ganze Wochenende unterwegs war, trank und tanzte die ganze Nacht, war das nicht halb so anstrengend wie solche Tage mit so vielen Informationen, um die ich gar nicht gebeten hatte. So etwas galt es erst zu verarbeiten, damit klarzukommen, welche schrecklichen Wesen wir Menschen eigentlich sind. Zum Glück sind längst nicht alle meine Erinnerungen so traumatisierend wie diese.

Inzwischen war ich schon 17 Jahre alt. Die Krabbenstube war von Anfang an unsere Stammdisko, es war für uns wie ein zweites Zuhause. Wir, meine Freundinnen und ich, machten uns, wie immer, wenn wir ausgehen wollten, vorher schick und verbrachten Stunden vor dem Spiegel, bis jedes Haar in der richtigen Position lag und jeder Lidstrich genau saß, nur um später von all dem Schweiß, der uns beim Tanzen von der Stirn perlte, wieder abgewaschen zu werden.

Es war ein ganz normaler Ausgehabend wie jeder andere auch, und alles lief wie immer. Gegen 23:00 Uhr waren wir alle schon gut angeheitert und tanzten ausgelassen zu den Klängen der damals neuesten Hits. Unsere Hüften schwangen hin und her, und ich tanzte mit meiner besten Freundin Inge.

Irgendwann bemerkte ich einen jungen Mann, der uns von der Bar aus beobachtete. Anfangs war ich mir nicht sicher, wen von uns beiden er im Visier hatte, dann trafen sich unsere Blicke immer öfter, und ich fühlte mich förmlich gefesselt. Kurz darauf löste er Inges Arme geschickt von den meinen, um an ihrer Stelle mit mir zu tanzen. Ich lächelte ihn an, wobei ich meinen Kopf sehr weit nach hinten neigen musste, weil er so groß war, und war in selben Moment hin und weg von seinen strahlend blauen Augen. Wir tanzten gefühlt eine Ewigkeit weiter, bis die Lichter ausgingen und alle nach Hause gingen. Er stellte sich bei mir vor, wir tauschten Nummern aus und verbrachten ab diesem Tag jede freie Minute miteinander.

Mit Peter fühlte sich alles so leicht an, wir harmonierten seit der ersten Sekunde, er war der liebevollste Junge, den ich bis dahin kennengelernt hatte. Wir verbrachten viele schöne Abende, knutschten herum, streichelten uns und lagen einfach nur da und sahen uns an. Ich war verliebt bis über beide Ohren, und jedes Mal, wenn ich Peter sah, fingen die Schmetterlinge in meinem Bauch wie wild an zu flattern.

So vergingen einige Wochen, und irgendwann merkte ich, dass ich bereit war für mehr. Die Spannung und Anziehungskraft zwischen uns war schon fast nicht mehr auszuhalten, ich wollte dennoch nicht unvorbereitet sein und ging, bevor es so weit war, zum Frauenarzt. Ich ließ mir die Pille verschreiben, fing mit der Einnahme an und musste einige Wochen warten, bis ich auf der sicheren Seite war. Doch als diese Wochen vorbei waren und wir endlich für das bereit waren, was wir beide so sehr wollten, war ich aufgeregter als je zuvor. Es ging viel schneller als ich dachte, denn unsere stundenlangen Vorspiele, die wir schon Wochen vor unserem ersten Sex hatten, dauerten dieses Mal nicht mehr so lange, denn wir konnten es nicht mehr aushalten, so lüstern waren wir aufeinander.

So hatte ich mit Peter meinen ersten Sex, der sehr innig und liebevoll war, doch trotz unserer Vertrautheit war ich währenddessen und auch danach etwas verunsichert, immerhin war es mein erstes Mal. Also fragte ich ihn danach: »Schatz, war das so richtig?«

Sofort drückte er mir einen Kuss auf die Stirn, zog mich an sich heran und lächelte. »Aber natürlich, mach dir keine Gedanken, es ist alles gut, mein Schatz!«

Beruhigt atmete ich durch und lächelte vor mich hin. Ich war überglücklich!

So vergingen die Monate, und bald teilten wir fast ein ganzes Jahr unserer beider Leben miteinander. Wir verstanden uns immer noch blind. Ich hätte mir keine bessere Beziehung, keinen besseren ersten Freund als Peter wünschen können und schwebte auf meiner luftig weichen Wolke der Liebe.

Doch als unser einjähriges Jubiläum näher rückte, veränderte sich alles. Kurz zuvor hatten wir noch gemeinsam mit all unseren Freunden meinen 18. Geburtstag gefeiert, und alles schien in bester Ordnung.

Dann musste Peter zur Bundeswehr, wo er auf einen Schlag viele neue Freunde fand. Aus meinem liebevollen, zuvorkommenden, sich um mich sorgenden Peter wurde ein junger Mann, der immer öfter seine Freizeit ohne mich verbrachte. Sie gingen am Wochenende in Diskotheken und Clubs, tranken und feierten, wobei er mich offenbar immer mehr vergaß. Während der ersten Wochen machte ich mir noch Hoffnungen und redete mir ein, es sei nur eine Phase und alles käme wieder ins rechte Lot.

Wir verbrachten immer weniger Zeit miteinander, und ich spürte, wie er sich weiter von mir entfernte, wollte es jedoch nicht wahrhaben. Bis irgendwann der Tag kam, an dem er die schmerzliche Worte an mich richtete: »Judith, in den letzten Wochen habe ich gemerkt, dass ich mich eingeengt fühle. Ich möchte gerne frei sein.«

Ein Schauder durchfuhr mich, und mit einem riesigen Kloß im Hals antwortete ich: »Aber wir lieben uns doch. Du kannst alle Freiheit haben, die du möchtest. Ich will dich nicht einengen, bitte.«

Doch Peter stellte klar, was er wollte: »Darum geht es gar nicht. Wir haben uns jetzt schon auseinandergelebt. Das passt alles nicht mehr. Ich will mein Leben leben, wie ich es möchte, und keinem Rechenschaft abgeben müssen für Dinge, die ich tue oder tun werde. Es ist vorbei!«

Mir stiegen sofort die Tränen in die Augen. Mein Hals war wie zugeschnürt, ich brachte keinen Ton mehr heraus. Ich versuchte nur noch, nicht völlig die Beherrschung zu verlieren.

Peter ging und drehte sich nicht mehr um, ich hingegen stürzte mich in mein Bett, und als ich in mein Kissen schreien und weinen konnte, löste sich endlich diese Enge in meinem Hals und in meiner Brust. Ich weinte und weinte und konnte nicht mehr aufhören. Das durfte doch alles nicht wahr sein! Ich hatte gedacht, wir würden für immer zusammenbleiben.

Die nächsten Tage waren wie ein böser Traum, aus dem ich einfach nicht erwachte. Ich wollte nicht wahrhaben, was passiert war. Mein Traum, mein Leben mit Peter, alles war von heute auf morgen vorbei. Alles, was blieb, war der Schmerz in meinem Herzen und der zerplatzte Traum von unserer gemeinsamen Zukunft.

Jedes Mal, wenn wir uns in der Krabbenstube begegneten, hoffte ich, wir würden wieder zusammenkommen. Er konnte es sich doch nicht so leicht machen. An einigen Abenden nahm er mich wieder mit zu sich nach Hause, und ich hoffte, es wäre ein Neuanfang. Doch für ihn war es wohl nichts weiter als schneller, sicherer Sex, denn kurz nach unserer letzten gemeinsamen Nacht sah ich ihn mit einem anderen Mädchen. Es stellte sich heraus, dass sie seine neue feste Freundin war, was mir in diesem Moment das Herz zerbrach, aber von da an war klar, dass wir nie wieder zusammenkommen würden.

Mit jeder Woche, die nach der Trennung verging, kam ich besser damit zurecht und fand schon bald in mein altes Leben, meine alten Gewohnheiten und zu meinen Freunden zurück, die ich, wie ich zugeben muss, in der Zeit mit Peter ein wenig vernachlässigt hatte.

Im selben Jahr – ich war noch 18 – machte ich meinen Führerschein, den ich mir selbst mit meinem Gehalt finanzierte, und kaufte einen alten VW-Käfer, den ich über alles liebte.

Im Gegensatz zu meinem Vater war es mir wichtig, mobil zu sein. Mir war es auch wichtig, dazuzugehören, was man von ihm nicht behaupten konnte. Am liebsten

war er allein, allein mit sich selbst und dem Alkohol. Er hatte noch nie einen Führerschein besessen, und so schön für mich das 18. Lebensjahr war, weil ich endlich nach langem Sparen diesen Führerschein machen konnte, so verhängnisvoll war das Jahr für meinen Vater.

Eines Abends bekamen wir, meine Mutter und ich, einen Anruf. Es war das örtliche Krankenhaus, das uns mitteilte, dass mein Vater nach einem Rollersturz im Koma lag. Natürlich besuchte ich ihn, obwohl ich so gut wie keine Bindung zu ihm hatte. Als ich ihn da in dem Krankenhausbett mit all den Schläuchen liegen sah, tat er mir natürlich leid, aber mehr als Mitleid war es nicht. Es dauerte einige Wochen, bis er wieder aus dem Koma erwachte.

Auch danach besuchte ich ihn noch einige Male. Er wohnte noch immer in der Wohnung, in der er mit meiner bereits verstorbener Oma Lisbeth gelebt hatte. Die Wohnung war nicht wiederzuerkennen. Alte verdreckte Zeitungen stapelten sich auf dem Boden, überall standen Einkaufstüten herum, die mit Müll vollgestopft waren. Dementsprechend roch es auch in der Wohnung. In der Küche Berge von Geschirr, die vermutlich schon seit Wochen herumstanden. Gerade noch das Sofa war auf einer Seite frei, damit er sich vor den Fernseher setzen konnte. Bei meinen Besuchen sah ich dieses Chaos, was mir wiederum auch leid für meinen Vater tat. Ich versuchte des Öfteren, mich mit ihm zu unterhalten, doch für mich war er nie mehr der, der er vorher gewesen war. Oft kamen auf meine Fragen nur verwirrte oder gar keine Antworten. Manchmal saß er in seiner Apathie vor sich hinstarrend einfach nur da und sagte kein Wort mehr.

Unser Kontakt blieb nach wie vor sehr selten, woran auch dieser Unfall nichts änderte, denn da wir noch nie eine gute Bindung gehabt hatten, konnte ich sie jetzt auch nicht erzwingen. An seinem Zustand konnte niemand mehr etwas ändern. Die Ärzte rieten ihm eindringlich, in Zukunft auf Alkohol zu verzichten, was mein Vater aber geflissentlich überhörte. Hier wurde wieder deutlich, dass er Alkohol nicht mehr nur zum Vergnügen konsumierte, sondern dass er an einer Krankheit litt, die stärker war als alles andere.

So war meine Jugendzeit nach Manfreds Tod nach wie vor sehr durchwachsen. Ich würde trotzdem sagen, es war schon fast eine normale Jugend, wenn man bedenkt, was ich vorher alles durchmachen musste. Ich genoss diese Jahre, so gut ich konnte, und machte, was ich wollte. Ich sammelte meine Erfahrungen, die jedes Mädchen in meinem Alter sammelte, und ließ mir meine Lebensfreude nicht nehmen, nein, im Gegenteil, meine Erfahrungen machten mich stärker, und ich wuchs daran körperlich und seelisch immer ein bisschen mehr.

Ich wurde langsam, aber sicher erwachsen, doch mein Leben wurde trotz meines Alters nur ein wenig ruhiger. Das verrückte, ausgelassene und ungezogene Mädchen in mir sollte noch ein wenig bleiben ...

- Kapitel 6 -

Mit 19 Jahren war es endlich so weit, mein Auszug stand an. Endlich würde ich vollständig auf eigenen Beinen stehen. Ich war nun erwachsen und konnte für mich selbst sorgen. Meine Ausbildung hatte ich abgeschlossen, ich stieg voll ins Arbeitsleben ein und konnte mir endlich eine kleine eigene Wohnung leisten.

Ich zog mit meinem damaligen Freund Thomas gemeinsam in eine Drei-Zimmer-Wohnung. Sie war zwar klein, doch für uns beide völlig ausreichend. Thomas war Berufssoldat und liebte mich über alles. Bis heute habe ich einige seiner Liebesbriefe aufbewahrt.

Vielleicht hätte ich mich zufrieden geben sollen mit dem, was ich hatte. Einen Mann, der mich liebte, und ein normales, einfaches Leben, mit dem viele Frauen zufrieden gewesen wären. Doch wie ich bereits sagte, dieses verrückte, ausgelassene und ungezogene Mädchen in mir war noch nicht verschwunden, und dieses normale Leben war mir zu wenig.

Nach einer langen Arbeitswoche im Modehaus Keilbach Kleinpreis genoss ich es nach wie vor, an den Wo-

Hallo mein Liebling!

Das Wochenende mit Dir
war echt wunderschön,
Du bist die schönste Frau
die es für mich gibt.
Ich liebe Dich unendlich
Dein Thomas

chenenden mit meiner Schwester um die Häuser zu
ziehen. Unser Verhältnis wurde nach ihrem und meinem Auszug bei unserer Mutter wieder besser, und wir
verbrachten viel Zeit miteinander. Je älter ich wurde,
desto mehr fiel mir allerdings auf, wie meine Schwester
tatsächlich war. Sie stellte sich ständig in den Vordergrund, egal wo wir waren und egal, um wen oder was es
ging. Für sie machte es keinen Unterschied, ob sie nun
einen fremden Mann umgarnte oder sogar meinen
Freund. Vielleicht reizte sie genau dieses eigentlich
Verbotene, was man von der eigenen Schwester und zugleich engen Freundin nicht erwarten würde.

Vor meiner Beziehung mit Thomas hatte ich einen Mann kennengelernt, mit dem es zwar noch nichts Ernstes war, doch ich wollte mich gerne darauf einlassen und sehen, wohin die Reise führte. Eines Tages unternahmen wir einen kleinen Bootstrip, und ich beschloss, meine Schwester dazu einzuladen. Ich dachte, es würde amüsant und wir würden alle gemeinsam diesen schönen, warmen Tag genießen. Schon bald, nachdem wir losgefahren waren, fing meine Schwester an, sich auszuziehen. Sie zog ihr T-Shirt nach oben und entblößte ihre Brüste, die ihren BH prall füllten, und sonnte sich vorne am Boot. Sie wusste genau, dass sie alle Blicke auf sich zog. Dazu muss ich sagen, dass ich damit immer schon ein Problem hatte. Meine Brüste waren immer schon klein, was mich sehr störte. Ich war schockiert von Petras Verhalten, es fühlte sich an wie ein Messerstich in den Rücken. Meine eigene Schwester stellte mich so bloß, obwohl, oder besser, genau weil sie wusste, dass ich mit meinen kleinen Brüsten ein Problem hatte.

Es gab viele Situationen wie diese, bei denen sie sich in den Vordergrund drängte und mich klein hielt. Natürlich verletzte mich ihr Verhalten, doch zeigen wollte ich es nicht. Ich hatte schon als kleines Kind gelernt, still zu sein, meinen Ärger über gewisse Verhaltensweisen zu unterdrücken und mich zurückzuhalten.

Petra lechzte förmlich nach Aufmerksamkeit, und dazu waren ihr alle Mittel recht. Ich vermute, die Zeit bei meiner Oma war für sie nicht immer schön. Vielleicht musste sie dort oft zurückstecken oder war zu oft auf sich allein gestellt. Sie war eine starke, extrovertierte Persönlichkeit, die mich als kleines, schüchternes graues Mäuschen oft in den Schatten stellte. Doch darauf werde ich im letzten Kapitel zurückkommen ...

Trotz meiner Beziehung zu Thomas brauchte ich meinen Freiraum, was er schlichtweg akzeptieren musste, ob es ihm passte, oder nicht.

Zuerst trafen Petra und ich uns mit unseren Freunden in »Franks Bar«, danach ging es weiter in die Diskothek, immer der gleiche Ablauf.

An einem Abend stand ich gerade mit meiner Schwester an der Bar, um unsere Getränke zu holen. Meistens tranken wir Cocktails, ich einen »Caipirinha« und meine Schwester einen »Bloody Mary«, den sie sehr mochte. Ab und an mochten wir auch ein Gläschen lieblichen Wein zur Einstimmung, wie an diesem Abend.

Wir standen also da und stießen gerade an, da sahen wir eine Gruppe Männer an uns vorbeigehen, die offensichtlich die Aufmerksamkeit aller Frauen auf sich zogen. Den markanten, frischen Männerduft, den einer von ihnen nach sich zog, habe ich heute noch in der Nase, als wäre es gestern gewesen. Noch bevor wir einen Schluck von unserem Wein nehmen konnten, drehten wir unwillkürlich unsere Köpfe nach ihnen und starrten ihnen nach. Das war aber nicht weiter auffällig, denn alle, die sich im Raum befanden, taten das

Gleiche, ob Mann oder Frau. Die Gruppe bestand aus vier, vielleicht auch fünf Männern, und dabei stach einer der Männer besonders hervor, zumindest für meinen Geschmack. Er war sicher etwas größer als ich, hatte schwarzes Haar und auffallend ausdrucksstarke grüne Augen. Seine Haut hatte einen angenehmen Teint, und diese besondere Mischung beeindruckte mich schon vom ersten Augenblick.

Als meine Schwester und ich unsere Blicke wieder lösen konnten und endlich einen Schluck tranken, der nach diesem Auftritt ein wenig größer ausfiel als üblicherweise, sahen wir uns an, und meine Schwester wusste ohne ein Wort von mir, was Sache war. Ich grinste über den Rand meines Glases, und nach dem ersten Glas folgte gleich noch ein zweites. Jetzt erst fühlte ich mich bereit für den Abend.

Mir war klar: Diesen Mann musste ich kennenlernen. Später am Abend stellte sich heraus, dass dieser Gedanke wohl auf Gegenseitigkeit beruhte, denn es dauerte nicht lange, da kam dieser fremde Mann auf mich zu und sprach mich an.

»Hallo schöne Frau, mein Name ist Philippe«, sagte er mit französischem Akzent, während er mich am Handgelenk nahm und mir einen Handkuss gab.

Er sah nicht nur gut aus, nein, er war auch noch Franzose. Dieser Akzent machte mich wahnsinnig, und ich schnappte schon fast nach Luft, so begeistert war ich von ihm.

»Hallo Philippe, ich heiße Judith«, entgegnete ich mit einem breiten Lächeln.

So fing unser Gespräch an, das wir den ganzen Abend lang fortsetzten. Wir saßen an der Bar, tranken Wein, Bier und Cocktails und rauchten eine Zigarette nach der anderen. Ich verschwendete keinen einzigen Gedanken mehr an Thomas, denn ich war tief versunken in Philippes grüne Augen und war hin und weg von seiner charmanten Art. Ich konnte nicht von ihm ablassen, und am liebsten wäre mir gewesen, dieser Abend würde niemals enden. Doch irgendwann war die Musik aus, und alle gingen nach Hause. Wir verabschiedeten uns mit einem innigen Kuss, und noch bevor ich zu Hause ankam, war mir klar, dass es Philippe war, den ich gerade brauchte.

Noch beflügelt von dem schönen Abend kam ich zu Hause an und unterbreitete meine Gefühle sofort Thomas, der nichtsahnend auf dem Sofa saß und auf mich wartete. Für ihn brach eine Welt zusammen, für mich war es wie eine erneute Befreiung, nach der sich mein Innerstes sehnte.

Sofort nach der Trennung von Thomas stürzte ich mich in die neue Beziehung mit Philippe, und wir genossen unser gemeinsames Leben. Wir verbrachten viele glückliche Wochen und Monate, und nach einem Jahr des Zusammenseins bekam ich von meinem Liebsten einen Heiratsantrag, den ich mit einem klaren »Ja!« beantwortete. Auch das Jahr nach unserer Hochzeit begann wunderschön. Wir schwebten beide auf Wolke Sieben, und wie es manchmal mit dem Verliebtsein so ist, hat man oft eine rosarote Brille auf. Und obwohl ich daran selbst nie glaubte, trug ich diese besagte Brille fast zwei Jahre lang, bis sie langsam anfing, spröde zu werden und Risse zu bekommen.

Ich fühlte mich immer unwohler, es waren Kleinigkeiten, die mich an ihm zu stören begannen. Nach unserer Hochzeit veränderte sich Philippe. Er wurde ruhiger, unternahm nicht mehr viel mit seinen Freunden, und irgendwie lebten wir uns in kürzester Zeit auseinander. So häuften sich diese Kleinigkeiten, wurden bedeutsamer und mit der Zeit zu ernsthaften Problemen.

Im Gegensatz zu Philippe war ich immer häufiger unterwegs, an den Wochenenden gingen wir wieder öfter feiern und ließen es richtig krachen. Ich merkte, dass mir Philippe, oder besser gesagt die Ehe mit ihm, viel zu langweilig wurde. Ich wollte neue Erfahrungen sammeln, Abenteuer erleben und neue Dinge ausprobieren. Wie früher wollte ich wieder die Euphorie des Lebens spüren. Vielleicht waren wir von Anfang an zu unterschiedlich, und ich bemerkte es nicht, weil ich mir so sehr einen liebenden Mann an meiner Seite wünschte.

Diese Gefühle und Gedanken verstärkten sich, und irgendwann konnte ich mich ihnen nicht mehr widersetzen. Es ging nicht mehr anders, ich musste mit ihm reden, also nutzte ich die Gelegenheit, als wir wie so oft einen ruhigen Abend zu Hause vor uns hatten und gemeinsam aßen.

»Philippe, ich muss dringend mit dir reden«, begann ich.

Erstaunt fragte er, immer noch mit seinem französischen Akzent: »Judith, was ist denn los? Du siehst so ernst aus. Ist etwas vorgefallen?«

Ich nahm meinen ganzen Mut zusammen und sagte ihm einfach die Wahrheit: »Ich fühle mich nicht mehr wohl. Ich hadere schon seit langer Zeit mit mir. Ich habe mir unsere Ehe anders vorgestellt, doch die Unterschiede zwischen uns tun sich wie eine riesige Kluft auf, die immer größer wird. Und ich kann mich nicht mehr zwingen, bei dir zu bleiben.«

Ihm wich jegliche Farbe aus dem Gesicht, er sah mich völlig entgeistert an, seine Augen füllten sich mit Tränen.

Er ließ seine Gabel hörbar in den Teller fallen und erwiderte: »Aber Judith, das verstehe ich nicht, wir lieben uns doch!«

Er tat mir leid, ich blieb dennoch bei der Wahrheit, so hart, wie es für ihn auch sein mochte, und sagte:

»Nein, Philippe, ich liebe dich nicht mehr. Mich zieht es raus, raus in die Freiheit, ich möchte noch viel mehr vom Leben, ich bin nicht mehr glücklich und ich muss jetzt an mich denken, verstehst du?«

Philippe war nicht einverstanden mit der Scheidung, er dachte, wir könnten das alles schaffen, wenn wir daran arbeiten. Doch für mich stand die Entscheidung fest. Ich wollte diese Ehe nicht mehr, weil ich unglücklich war. Ich hörte auf mein Inneres, und wir ließen uns ein Jahr nach unserer Hochzeit wieder scheiden und gingen getrennte Wege.

Ich denke, ich war viel am Leben beteiligt und genoss es in vollen Zügen. Oft stürzte ich mich blindlings in etwas hinein, aber dann wurde mir schnell klar, dass es nicht das war, was ich tatsächlich wollte. So wie die Ehe mit Phillipe. Was wollte ich nun tatsächlich?

Möglicherweise hat meine sehr schwierige Kindheit und Jugend mit den vielen traumatischen Erlebnissen, die bis dahin nie aufgearbeitet wurden, etwas damit zu tun. Ich war stets ruhe- und rastlos, getrieben von der Hoffnung, etwas zu finden. Was dieses Etwas war, kann ich bis heute nicht mit Sicherheit sagen. Vielleicht suchte ich nach der in den Jahren zuvor nie dagewesenen Anerkennung oder Bestätigung. Ein Aufschrei nach ehrlicher Zuneigung und bedingungsloser Liebe, die ich von klein auf nie bekam.

Nachdem die anfängliche Verliebtheit verschwunden war, war ich schnell wieder unzufrieden, ich dachte, es muss noch mehr geben. Die anfänglichen Komplimente und kleinen Gesten schlichen sich langsam aus, alles wurde selbstverständlich und normal. Doch damit konnte ich mich nicht zufriedengeben, ich brauchte ständig diese Anerkennung, ich wollte etwas Besonderes sein.

Denn in meiner Kindheit war mir dieses Gefühl nie gegeben worden, im Gegenteil, die längste Zeit meines Lebens verbrachte ich in Angst und wurde auf abscheuliche Weise erniedrigt. Ich musste mitansehen, wie meiner Mutter das Gleiche widerfuhr, wie machtlos und einsam sie war und deshalb unfähig, mir das zu geben, was ich brauchte. Sie konnte mich nicht beschützen und mir keine Geborgenheit geben, als ich noch ein Kind war und genau das so dringend brauchte. Wie hätte sie das auch machen sollen? Sie konnte nicht einmal sich selbst vor all dem Unheil schützen. Ich war gefangen in einer Welt des Schreckens, der Unsicherheit und der ständigen Angst und innerer Unruhe.

So war ich gezwungen, Schritt für Schritt meinen Selbstwert eigenständig aufzubauen, was zweifelsohne nicht leicht war. Mein Innerstes trieb mich, etwas zu suchen, Sicherheit zu finden. Mein Selbstwertgefühl war in meiner Kindheit nie gestärkt worden, sondern im Gegenteil durch meine Erlebnisse bei meiner Mutter und auch bei den Pflegeeltern systematisch ausgemerzt, bis davon nicht mehr viel übrig war. Also musste ich, je älter ich wurde, immer mehr an mir arbeiten, um auf dem kleinen Funken aufzubauen, der noch übriggeblieben war. Das war ein langwieriger, anstrengender Prozess, bei dem ich mich all dem, was in meinem Inneren schlummerte, stellen musste und lernen musste, damit zu arbeiten und zu leben. Nur die Aufarbeitung bringt uns irgendwann an einen Punkt, an dem wir eine gesunde Beziehung und auch Liebe zu uns selbst haben, was wichtiger ist als alles andere von außen. Doch von diesem Punkt war ich zur damaligen Zeit noch weit entfernt.

Die Ehe mit Philippe war gescheitert, und ich stand wieder am Anfang. Ich liebte meine wiedergewonnene Freiheit, gleichzeitig sehnte ich mich nach echter Liebe und Erfüllung. Ich sehnte mich danach, mich in einem sicheren Hafen zu wissen.

Mit 23 Jahren beschloss ich, in ein fremdes Land zu reisen. Weit weg, mit einer völlig anderen Kultur und Lebensweise, als wir sie hier in Deutschland kennen. Ich hatte mittlerweile genug Geld gespart, um mir eine solche Reise leisten zu können. Ich dachte, jetzt sei der perfekte Zeitpunkt, um diesen lang gehegten Plan in die Tat umzusetzen. Einfach weg von allem hier, von der Einöde, dem ewig gleichbleibenden Alltag, einfach weg von allem, was mir so langweilig bekannt vorkam.

Also packte ich meinen Koffer und buchte ein Ticket nach Afrika. Dieses Land hatte mich schon immer fasziniert, und nun war der Tag gekommen, an dem ich meinen Traum in die Realität umsetzte.

Als ich aus dem Flieger ausstieg und nach vielen Sicherheitskontrollen endlich vor den Türen des Flughafens stand, atmete ich tief die afrikanische Luft ein. Sie fühlte sich anders an und roch, wie ich Luft noch nie zuvor gerochen hatte. Ich stand da, in einem fremden Land, weit weg von zu Hause, und fühlte mich auf wundersame Weise plötzlich frei.

Ich wohnte in einem passablen Hotel, natürlich mit eigener Hotelbar, an der ich viel Zeit verbrachte, denn dort trafen sich die Gäste aus aller Welt zu gemeinsamen Abenden. So war ich trotzdem nie allein, obwohl ich allein reiste.

Es dauerte nicht lange, da lernte ich auch hier einen Mann kennen. Wir machten aufregende Touren durch den Dschungel, erkundeten bei Nacht mit einem Roller die Städte und Dörfer und hatten eine großartige gemeinsame Zeit. Es war so wunderbar aufregend, ich war ständig in Bewegung und hatte keine Zeit zum Nachdenken. Doch nach meiner Abreise aus Afrika kam der Kontakt schon bald zum Stillstand, und wir hörten nichts mehr voneinander. Was von dieser für mich außergewöhnlichen Reise geblieben ist, sind unvergessliche Erinnerungen an zahlreiche schöne Momente und belebende, Glück verströmende Wochen.

So war ich in den Jahren nach meiner Ehe mit Philippe immer auf der Suche, war nie wirklich sesshaft, was Partnerschaften anging. Ich hatte viele Männer und Affären und genoss meine Zeit als freie Frau. Ich hatte meine eigene Wohnung, war frei von jeglichen Pflichten und Verantwortung und konnte also tun und lassen, was ich wollte, was mir zu dieser Zeit recht gut gefiel.

Eines Tages traf ich sogar einen alten Bekannten wieder. Es war Peter, meine erste große Liebe. Wir hatten uns seit Jahren nicht gesehen. Er rief mich an, und wir beschlossen uns um der alten Zeiten willen noch einmal zu treffen. Er besuchte mich bei mir zu Hause und übernachtete auch bei mir. Doch es war alles anders, als es früher einmal gewesen war. Er hatte sich verändert, und vor allem hatte ich mich verändert. Ich hatte mittlerweile einen anderen Geschmack entwickelt, was Männer betraf, und er war überhaupt nicht mehr mein Typ. Er war meine erste große Liebe gewesen, und doch flammten in mir keine alten Gefühle mehr auf. Er erhoffte sich mehr und bereute anscheinend seine Entscheidung von damals. Für mich war klar, dass dies das einzige Treffen bleiben würde, was ich ihm auch sehr offen und ehrlich mitteilte. Am Morgen standen wir beide auf, und Peter machte sich schon bald auf den Heimweg. Bevor er ging, sagte ich: »Peter, das mit uns, das wird nichts mehr. Meine Gefühle sind weg, und du hast mich sehr verletzt. Ich fühle mich einfach nicht mehr zu dir hingezogen, bitte versteh das.«

»Ich weiß, Judith, das hast du mir schon gesagt. Aber wenn du es dir anders überlegst, dann hast du ja meine Nummer. Für mich bleibst du etwas Besonderes«, sagte er mit einem kleinen Lächeln, in der Hoffnung, ich würde meine Entscheidung noch einmal überdenken, und ging zur Tür hinaus. Nach diesem Treffen sahen wir uns nie wieder.

Also war auch dieser Mann nicht der meines Lebens, obwohl ich das damals mit meinen jungen 17 Jahren dachte. Doch als ich ihn später wiedertraf, hatte sich das, was ich von einem Mann wollte und hoffte zu finden, grundlegend verändert.

Bei all diesen Männern fand ich nie, was ich suchte, bis ich mit 25 Jahren noch einen weiteren Mann kennenlernte.

Wie so oft lernte ich auch ihn in einer Diskothek kennen, was wiederum absolut typisch für mich war, da ich nach wie vor gerne ausging, denn Musik und tanzen machte mich glücklich und befreite mich, zumindest für den Moment.

Dieses Mal lief es jedoch etwas anders als sonst, denn an diesem Abend sprach ich einen Mann an. Ich genoss meine wilden Jahre, so ganz ohne Verpflichtungen einer anderen Person gegenüber, andererseits war ein Teil von mir stets auf der Suche nach einem Mann, dem einen Richtigen für mich.

An besagtem Abend ging ich also ohne Umwege auf ihn zu und verwickelte ihn in ein Gespräch. Er war mir sofort aufgefallen, trotz der vielen anderen Männer und Frauen, die in der Disco waren.

»Hallo, ich bin Martin«, stellte er sich schlicht und höflich vor.

Wir redeten eine Weile und tanzten gemeinsam, zu mehr kam es an diesem Abend erstaunlicherweise nicht. Ich muss zugeben, ich hätte sicher nichts dagegen gehabt, auf der anderen Seite war es auch spannend, auf einen Mann wie ihn zu treffen. Martin war eher ein Mann der ruhigeren, zurückhaltenderen Sorte, und vielleicht machte ihn gerade das so interessant für mich. Denn bisher war ich viel schnellere, stürmischere und vielleicht auch dominantere Verhaltensweisen von Männern gewohnt. Doch irgendetwas an ihm machte mich neugierig, ich wollte mehr über ihn erfahren, ich wollte ihn kennenlernen, und das in den intimsten Situationen, das stand für mich fest.

Also hatten wir mehrere Dates miteinander, redeten viel und lernten uns langsam aber sicher immer besser kennen. Wir führten stundenlang unzählige tiefgründige Gespräche, und unsere Verbindung wurde inniger. Ich erzählte ihm viel, wenn auch nicht alles, aus meinem bisherigen Leben und er mir aus seinem, wenngleich seines nicht annähernd mit meinem zu vergleichen war. Vielleicht war genau das der Grund, warum wir so gut harmonierten. Er war da, hörte mir zu und kümmerte sich liebevoll um mich. Wir brauchten einige Zeit, bis wir offiziell zusammen waren, dafür war es dann umso schöner. Bei Martin fühlte ich mich wohl, geliebt und geborgen. Er war der bis dahin fürsorglichste Mann, den ich kannte.

Wir verbrachten zwei wundervolle Jahre miteinander. Wir genossen unsere Zeit zu zweit, hatten gemeinsame Freunde, mit denen wir viel Zeit verbrachten, waren auch an einigen Wochenenden in der Disco oder unternahmen andere Dinge. Zu dieser Zeit war ich noch glücklich und zufrieden und dachte, mir hätte nichts Besseres passieren können.

Ich glaubte den richtigen Mann für mich gefunden zu haben. Allerdings sollte ich schon bald erfahren, dass mein Schicksal wieder etwas anderes mit mir vorhatte.

Doch zunächst sollte ich die glücklichste Frau der Welt werden. Kurz vor unserem dritten Jubiläum wurde ich schwanger. Wir waren überglücklich und sagten es sofort all unseren Verwandten und Freunden. Es war ein absolutes Wunschkind, ein Kind, aus Liebe entstanden.

Als ich Martin sagte, dass ich schwanger war, kam das, worauf ich schon lange gewartet hatte. Er ging vor mir auf die Knie und fragte mich mit Tränen in den Augen:

»Judith, ich liebe dich über alles. Jetzt bekommen wir gemeinsam ein Kind, das uns auf immer verbindet. Das sollten wir allen zeigen. Deshalb frage ich dich: Willst du meine Frau werden?«

Auch mir schossen vor Freude die Tränen in die Augen, und ich konnte mein Glück kaum fassen.

»Ja, ich will!«, brachte ich noch heraus, bevor ich Martin um den Hals fiel und wir uns minutenlang küssten, gemeinsam über unser Glück lachten und gleichzeitig weinten.

Einige Wochen später stand unsere standesamtliche Trauung an. Ich war noch schwanger, und wir feierten nur mit den Trauzeugen.

Martin und ich waren glücklich miteinander. Wir hatten nun unsere eigene kleine Familie. Unser Sohn Joel wurde geboren, und ein Jahr nach unserer standesamtlichen Hochzeit heirateten wir kirchlich und ließen unseren Sohn taufen.

Meine Mutter und meine Schwester waren eingeladen, doch der Kontakt war schon lange nicht mehr derselbe wie früher. Auch darauf werde ich später noch zurückkommen.

Wir führten ein Leben, das sich viele Menschen wünschen. Wir hatten eine schöne Wohnung, waren verheiratet und hatten ein gemeinsames Kind. Was konnte man schon mehr brauchen, um glücklich zu sein?

Allerdings wollte ich von Anfang an nicht abhängig sein. Nicht von Martin und auch von keinem anderen Mann. Deshalb hatte ich schon bald nach der Geburt meines Sohnes wieder einen Nebenjob, um zumindest ein wenig Geld dazuzuverdienen. Als Joel mit drei Jahren in den Kindergarten ging, suchte ich mir wieder eine richtige Arbeitsstelle. Solange er im Kindergarten betreut wurde, nutzte ich die Zeit sinnvoll, um zu arbeiten und wieder mein eigenes Geld zu verdienen. Ich wurde wieder unabhängiger, schmiss meinen Alltag so gut wie allein, denn Martin war oft bis spät abends in der Arbeit. Ich holte nach getaner Arbeit meinen Sohn vom Kindergarten ab, versorgte ihn, spielte mit ihm und kochte Abendessen. Es war jeden Tag der gleiche Ablauf. Meine Wochenenden verbrachte ich zu dieser Zeit meistens zu Hause auf dem Sofa. Martin kam von der Arbeit nach Hause, aß etwas und schlief bald ein. Wir hatten nur noch wenig voneinander, denn er war immer ausgelaugt.

Irgendwann dachte ich, mir fiel die Decke auf den Kopf. Ich war nur noch Hausfrau und Mutter und stellte meine Bedürfnisse hinten an, wodurch sie oft lange verborgen blieben und ich sie nicht beachtete. Vermutlich lag genau hier der Fehler.

Wochenlang tat ich das Gleiche, die Beziehung zwischen mir und Martin schlief genauso ein wie meine Energie. Man lernt sich kennen, lernt sich lieben, heiratet irgendwann, und alles ändert sich. Zumindest war es dieses Mal wieder genauso.

Langsam fing es an, in mir zu brodeln. Ich merkte, irgendetwas stimmte nicht, ich fühlte mich nicht mehr wohl, mir fehlte etwas, doch ich schob es einige Zeit gekonnt beiseite.

Meine Arbeitskollegen berichteten mir immer wieder von ihrem erfüllten Leben, von den wilden Partys am Wochenende und ihren abenteuerlustigen Unternehmungen. Vielleicht war ich sogar ein wenig neidisch auf sie, da es ihnen offensichtlich sehr gut dabei ging und sie viel Spaß hatten. Spaß, der sich bei mir langsam aus dem Leben geschlichen hatte. Das Leben von Martin und mir war nicht mehr wie am Anfang. Wir unternahmen nicht mehr viel, und alles drehte sich nur noch um Joel. Ich möchte nicht sagen, dass er die Schuld daran hat, nein, im Gegenteil, mein Sohn ist das Beste, was mir je passieren konnte. Er war vom ersten Tag an der neue Mittelpunkt meines Lebens, doch meine Ehe, meine Beziehung zu Martin hatte sich verändert. Wir lebten nur noch nebeneinander her und vergaßen »uns« dabei.

Da fing ich an, über mein Leben nachzudenken, die Gedanken zuzulassen. Sie wurden immer lauter, und irgendwann konnte ich sie nicht mehr unterdrücken, ob ich nun wollte oder nicht. Es fing alles wieder von vorne an. Ich wollte wieder ausgehen, mich schick machen, wieder am Leben teilhaben und unter Leute kommen. Ich wollte nicht mehr nur zu Hause sitzen und warten, bis mein Mann endlich nach Hause kam, um jeden Tag dasselbe zu erleben, wie eine nie enden wollende, ermüdende Dauerschleife.

Es war unvermeidbar und nun schon offensichtlich, in welche Richtung mich mein Schicksal führte. Ich ging wieder aus, traf mich mit Freunden und lernte neue Menschen kennen. Ich war immer schon ein geselliger, kontaktfreudiger Mensch und merkte, wie sehr mir das die letzten Jahre gefehlt hatte.

Ich war so voller Freude, voller Glück, dass ich meinen Mann Martin völlig vergaß, sobald ich aus dem Haus war. Ich genoss die Aufmerksamkeit der Männer, die ich tatsächlich sehr häufig bekam. Ich genoss dieses Abenteuer des begehrt seins und ließ mich immer wieder auf unbekannte Männer ein.

Mein Leben war nun wieder ein anderes. Ich war nicht mehr die brave Hausfrau und Mutter, nein, die wilde, zügellose Seite in mir, die ich so lange versucht hatte fernzuhalten, war wieder ausgebrochen. So lange hatte ich sie fortgeschoben, weit weg, doch sie hatte immer noch nicht ihren Frieden gefunden. Ich hatte immer noch nicht das, was meine Seele brauchte, um gesund zu werden.

Von meinem Mann entfremdete ich mich immer mehr. Er war nicht mehr der, der mich glücklich machte. Zu dieser Zeit hatte ich schon einen anderen Mann im Kopf, von dem ich so leicht nicht mehr loskam.

Also war es wohl oder übel an der Zeit, Martin zu sagen, was passiert war. Schon längere Zeit hatte er gemerkt, dass etwas mit mir nicht stimmte. Er wollte darüber reden, und ich vertröstete ihn jedes Mal, denn ich wusste nicht, wie ich es ihm hätte sagen sollen. Bis es irgendwann unerträglich wurde. Ich wusste, er hatte ein Recht darauf, dass ich ehrlich zu ihm war. Er hatte es verdient, denn er war gut zu mir, er trug mich auf Händen und liebte mich so sehr. Doch meine Gefühle für ihn waren gestorben, und irgendwann konnte ich nicht mehr neben ihm schlafen, ohne dass mich mein Gewissen auffraß.

Also beichtete ich ihm alles, was passiert war, und begann das ernste Gespräch: »Martin, wir müssen reden.«

In meinem Kopf waren tausend Gedanken, die ich selbst nicht ordnen konnte. Mein Herz schlug mir bis zum Hals, immerhin hatten wir einen gemeinsamen Sohn und waren noch verheiratet.

Er entgegnete mir mit riesigen, wenngleich wissenden Augen: »Ich weiß Judith, ich merke schon lange, dass etwas nicht stimmt. Was ist los?«

Danach erzählte ich ihm alles, was mir auf dem Herzen lag. Ich erzählte ihm, dass meine Gefühle einfach nicht mehr die Gleichen waren, ich einen anderen Mann kennen gelernt hatte und dass ich die Scheidung wollte. Ich sagte ihm, wir hätten uns schon zu sehr auseinandergelebt und dass wir einfach zu verschieden waren.

Es wurde ein langes Gespräch, und wir hatten einiges zu klären. Am Ende verblieben wir auf einer guten, freundschaftlichen Ebene. Vor allem war uns wichtig, dass nie etwas zwischen uns und unserem Kind stehen sollte, denn Joel sollte uns beide haben, Mutter und Vater, das war uns beiden immer wichtig.

Wir ließen uns scheiden und lebten getrennt, doch Martin war da, wenn ich ihn brauchte. Alle 14 Tage war Joel über das Wochenende bei ihm, und so verloren die beiden auch nie ihre so wichtige Bindung. Ich wusste nur zu gut, was es heißt, nie eine feste, stabile Verbundenheit zu jemandem zu haben, umso glücklicher war ich darüber, dass meinem Sohn solche Dinge erspart blieben.

Martin und ich trennten uns also nach sieben gemeinsamen Jahren, und schon in der Zeit der Trennung lernte ich, wie ich schon sagte, einen anderen Mann kennen.

Die Zeit verging wie im Flug, ich war schon 33 und mein Sohn bereits fünf Jahre alt. Ich war der Meinung, ich könnte noch mehr aus meinem Leben machen, und beschloss, einen Computerkurs zu belegen, die damals explizit für Frauen mit Kindern wie mich angeboten wurden, um ihnen bessere Jobaussichten zu eröffnen. Während des Kurses meldete ich mich ab und an in einem Chat an, wenn ich gerade Zeit hatte, weil ich mit den Aufgaben schon fertig war. Dort lernte ich einen Mann kennen, mit dem ich jedes Mal, wenn ich dort angemeldet war, schrieb. Schon vor ihm hatte ich mich während meiner Ehe mit Martin mit anderen Männern getroffen und eine Affäre gehabt. Doch mit ihm war es auf eine besondere Art und Weise von Beginn an völlig anders. Wir schrieben lange hin und her, telefonierten und trafen uns schon bald zum ersten Mal.

Inzwischen hatte ich zu meiner Mutter und auch zu meiner Schwester immer weniger Kontakt, und meine Mutter hatte bis dahin meinen Sohn nur zweimal gesehen. Beim ersten Mal war er ungefähr drei Jahre alt, beim zweiten Mal war er schon ein Schulkind, doch sie bauten nie eine echte Oma-Enkel-Beziehung oder Bindung auf, dazu sahen wir uns zu selten.

Ich hatte nun meine eigene kleine Familie und Freunde, bei denen ich Halt fand und die sich für mich interessierten. Meine Mutter hatte selbst von Anfang an viele Probleme und nie ein offenes Ohr für mich, weshalb auch unser Kontakt einschlief und wir uns auseinanderlebten. Meine einst so starke Bindung und Liebe zu meiner Mutter war fast nicht mehr vorhanden. Damals, als ich noch klein war, hätte ich mir nie vorstellen können, ohne sie zu leben. Sie war die wichtigste Person in meinem Leben und die einzige, außer meiner Oma Lisbeth, die ich hatte. Meine Mutter war für mich überlebenswichtig. Doch als ich älter wurde und ausgezogen war, meldete sie sich nur noch selten bei mir. Wenn sie anrief oder vorbeikam, fragte sie nicht etwa nach meinem Befinden, nein, sie wollte mir nur die neuesten Sensationen in der Familie oder aus der Nachbarschaft erzählen. Sie war zu sehr mit sich selbst beschäftigt, als dass sie eine Stütze für mich hätte sein können, und das schon seit meiner Kindheit.

Doch für mich war es nicht mehr weiter schlimm, denn ich hatte mich damit abgefunden, hatte meinen Sohn und viele gute Freunde, die für mich da waren in meinen guten, aber auch in meinen schlechten Zeiten. Und schon bald würde noch ein Mensch, den ich bis dahin noch nicht allzu gut kannte, auf eine erstaunliche

Art und Weise eine wichtige Rolle für mich spielen, ja ich würde fast sagen, eine der wichtigsten in meinem Leben ...

- **Kapitel 7** -

Ich war müde, müde von der langen, nie enden wollenden Suche nach etwas, das mir mein ganzes Leben lang gefehlt hatte. Und doch wusste ich zu dieser Zeit selbst nicht genau, was das war. Ich wusste nur, dass irgendetwas tief in mir nicht glücklich war. Ich hatte meinen Sohn Joel bei mir und liebte ihn über alles. Andererseits war ich nicht erfüllt, und meine Suche war, trotz meiner größten Liebe, meinem Kind, nach wie vor noch nicht beendet, das spürte ich genau. Meine Sehnsucht nach dem Unbekannten wurde größer, gleichzeitig ging mein Leben weiter, und ich konnte es auch genießen.

Wir schrieben das Jahr 2001. Ich war 33 Jahre alt und lebte mit meinem Sohn allein in einer gemütlichen Wohnung. Wenn Joel am Vormittag in der Kita war, konnte ich meiner Arbeit nachgehen. Zwei Wochenenden im Monat verbrachte er mit seinem Vater, und die restliche Zeit kümmerte ich mich allein um ihn. Nach der Scheidung von Martin kehrte schnell wieder der

Alltag in unser Leben ein, und wir kamen gut zurecht. Die Wochenenden, an denen Joel bei seinem Vater war, nutzte ich für mich und traf mich oft mit Freunden. Wir gingen abends aus und ich genoss meine freie Zeit.

Doch ich traf mich nicht nur mit meinen Freunden. Auch ein neuer Mann war in mein Leben getreten. Es war dieser Mann, den ich über den Chat kennengelernt hatte: Steffen.

Joel war über das Wochenende bei seinem Vater, und wir nutzten diese Gelegenheit, um uns zu treffen und näher kennenzulernen. Ich wollte erst sehen, wohin unser Weg führte, bevor ich ihn meinem Sohn vorstellte. Doch schon nach unserem ersten Treffen war schnell klar, dass wir uns öfter sehen wollten.

»Steffen, ich muss dich unbedingt wiedersehen«, sagte ich beim Abschied. Er antwortete mit einem kleinen Lächeln: »Dasselbe wollte ich auch gerade sagen«, und küsste mich leidenschaftlich.

Das Gefühl dieses ersten Kusses werde ich nie vergessen. Wenn ich heute daran denke, durchfährt es mich, als wäre ich zurück in der Vergangenheit. Alle Haare an meinem Körper stellten sich auf, ich bekam Gänsehaut, die sich bis zu meiner Kopfhaut nach oben zog. Mein Körper knisterte, als würde man tausende Raketen zünden, was ich so zuvor noch nie in meinem Leben verspürt hatte.

Ich stand da, mit meinem Kopf immer noch in Steffens Händen und brachte nur ein: »Wow!«, heraus.

Da kam wieder sein so unglaublich anziehendes, verschmitztes Lächeln zum Vorschein, nur dieses Mal noch etwas deutlicher.

Er drehte sich um und ging zur Wohnungstür hinaus. Ich stand da wie angewurzelt und konnte mich einen Moment lang nicht bewegen, so überwältigt war ich von meinen Emotionen.

Auf halbem Weg nach unten, nur noch ein paar Stufen vor der Haustür, drehte er sich noch einmal um und rief zu mir herauf: »Bis bald, Prinzessin!«

Da konnte ich mich lösen, fing an, bis über beide Ohren zu grinsen, und konnte mein Glück kaum fassen. Ich hörte, wie die Tür ins Schloss fiel und eilte schnell zum Fenster, um ihm nachzusehen. Er stieg in sein Auto und fuhr los. Im Vorbeifahren winkte er mir noch einmal zu, und dann war Steffen weg – vorläufig.

Ich kam mir vor wie ein verknallter Teenager. Hochrote Wangen und Ohren und die berühmten Schmetterlinge im Bauch, ich konnte es selbst kaum glauben.

Schon sein Aussehen hatte mich vom ersten Augenblick angezogen. Wir mussten uns nur tief in die Augen sehen, und jedes Mal, wenn sich unsere Blicke trafen, konnte ich sie kaum mehr von ihm lösen. Sein Anblick drückte für mich pure Männlichkeit aus und ich spürte ein Kribbeln im Bauch, das nach jedem Treffen mit ihm mehr wurde. Nach diesem Tag trafen wir uns immer öfter, immer länger.

Ich merkte sofort, dass er anders war als alle anderen Männer, die ich in meinem Leben gehabt hatte. Ganz gleich, ob es die Liebschaften meiner Mutter waren oder die Männer, mit denen ich verheiratet gewesen war.

Steffen war eher ein Mann der direkten Worte. Wenn ihm etwas nicht passte, sprach er es sofort an und wusste sich zu behaupten, und das schon seit unserem ersten Treffen. Er verstellte sich nicht etwa, um mir zu gefallen, wie es viele Männer vor ihm getan hatten, im Gegenteil. Bei gewissen Dingen hatte er seine Meinung, von der er auch nicht abwich, nur weil ich eine andere hatte. Vielleicht war es gerade diese Eigenschaft, die mich in seinen Bann zog und so sehr reizte.

Bald schon übernachtete Steffen auch bei uns. Ich beschloss, das Risiko einzugehen und ihm meinem Sohn Joel vorzustellen. Nach diesem Tag ging alles rasend schnell, viel schneller, als ich erwartet hatte.

Steffen und ich verstanden uns prächtig und führten unendlich viele tiefsinnige Gespräche, malten uns unsere gemeinsame Zukunft aus und hatten die gleichen Interessen und Vorstellungen vom Leben. Wir waren beide keine Kinder von Traurigkeit, wollten die Welt erkunden und unser Leben in vollen Zügen genießen. Wir schwebten absolut auf derselben Wellenlänge und konnten kaum mehr ohneeinander sein.

Andererseits merkte ich schnell, dass Steffen ein absoluter Perfektionist war. Wenn es um meinen Sohn ging, gab es schon von Anfang an regelmäßig Differenzen. Da wir beide so starke Persönlichkeiten waren, prallten in Sachen Erziehung Welten aufeinander, denn in dieser einen Hinsicht hatten wir einfach zu unterschiedliche Einstellungen. Ich rang immer wieder mit mir, denn wenn es um meinen Sohn ging, war ich absolut nicht zu Kompromissen bereit. Auf der anderen Seite war Steffen, wenn es um seine Tochter ging, genauso überzeugt von seinem Erziehungsstil.

Ich musste mich also schon in den ersten Monaten damit auseinandersetzten, dass wir in der Kindererziehung unterschiedliche Ansichten hatten. Konnte ich damit leben? Oder würde das unsere Beziehung zu sehr belasten und wir würden uns dabei vergessen? Wie käme mein Sohn damit zurecht?

Nach langem Überlegen kam ich zu dem Entschluss, dass ich mit Steffen darüber reden musste, denn es betraf uns beide.

»Steffen, können wir uns kurz unter vier Augen unterhalten?«, fragte ich ihn, während ich den Esstisch abräumte.

Erschrocken antwortete er: »Natürlich können wir das. Ist etwas passiert?«

»Nein, nein. Es ist nichts passiert. Wir müssen nur etwas besprechen«, entgegnete ich ihm mit einem beruhigenden Lächeln.

»Joel, möchtest du noch in deinem Zimmer ein wenig spielen? Vielleicht malst du ein schönes Bild oder baust eine kleine Playmobilwelt auf? Dann können wir nachher noch etwas spielen.«

Mit diesen Worten schickte ich ihn in sein Zimmer, damit Steffen und ich uns ungestört unterhalten konnten. Ich wusste selbst, wie es war, alles mitzubekommen und mitzuhören, wenn die Eltern stritten oder diskutierten, und das wollte ich Joel ersparen. Ich wollte nicht alles vor und mit ihm besprechen, vor allem noch nicht in diesem Alter. Wenn Steffen und ich eine Entscheidung getroffen hätten, hätte ich es ihm sicher kindgerecht mitgeteilt.

Joel ging in sein Zimmer, schloss die Tür hinter sich, und ich wusste, er würde etwas Schönes vorbereiten, um nachher noch mit mir zu spielen. Er liebte die Rit-

terburgen von Playmobil, und wir konnten stundenlang in seine Phantasiewelt abtauchen.

Als Joel außer Hörweite war, fragte Steffen neugierig:
»Also Judith, was ist los? Was gibts denn so Dringendes
und Geheimnisvolles?«

Ich holte tief Luft und unterbreitete ihm meine Sorgen: »Sieh mal, Steffen, wir hatten jetzt schon öfter
Auseinandersetzungen wegen der Kinder. Ich stehe
ständig zwischen allen Stühlen, weißt du? Auf der einen Seite bist du der Mann, den ich über alles liebe und
ohne den ich mir mein Leben nicht mehr vorstellen
kann. Doch auf der anderen Seite ist da mein Sohn, und
ich merke ja, wie es immer wieder Probleme gibt. Ich
bin nur besorgt, dass das unsere Beziehung irgendwie
beeinträchtigt, vor allem in Zukunft.«

Steffen seufzte laut auf und ließ hörbar die Luft durch
seine Lippen: »Ach mein Schatz, natürlich weiß ich das.
Aber sieh mal, wir sind in so vielen Hinsichten aus dem-
selben Holz geschnitzt, da bekommen wir das auch in
den Griff. Natürlich werde ich wütend, wenn Joel dau-
ernd alles liegen lässt und die Unordnung sich von seinem Zimmer aus in der ganzen Wohnung verteilt. Da
musst du mich auch verstehen. Es sind lauter solche
Kleinigkeiten, die diese Streitereien verursachen!«

»Ja, Steffen ich kann dich verstehen. Jeder Mensch
hat seine Eigenheiten, und du lässt in diesem Zusammenhang nicht viel Raum für irgendwelche Abwei-

chungen! Hier geht es nicht nur um uns, sondern auch um Joel! Er ist mein Sohn und ich will, dass es ihm gut geht! Wir sind erwachsen und müssen auch an ihn denken!«, sagte ich schon ein wenig energischer als am Anfang des Gesprächs.

Plötzlich hob sich auch Steffens Stimme, und es sprudelte nur so aus ihm heraus: »Egal, was Joel macht, du hältst ihm immer die Stange, bist nicht konsequent in deiner Erziehung, und er tanzt dir auf der Nase herum. Er verliert den Respekt, und das lasse ich nicht mit mir machen. Ich bin ein erwachsener Mann, und wenn ich das sage, dann ist das so! Da gibt es nichts mehr zu diskutieren! Wo kommen wir denn da hin, wenn jeder nur noch tut, was er will!«

Das konnte ich so nicht stehen lassen und verteidigte weiter meinen Sohn: »Er ist noch ein Kind, er kann gar nicht so perfekt sein wie du! Du hackst ständig auf ihm herum, und er kann sich nicht einmal wehren. Du erwartest Dinge von ihm wie von einem Erwachsenen, das geht einfach zu weit!«

Aus dem anfangs so sachlich geplanten Gespräch wurde wieder ein großer Streit. Es ging noch eine Zeitlang so hin und her, bis Steffen seine Jacke von der Garderobe nahm, den Autoschlüssel vom Schlüsselbrett riss und aus der Tür stürmte. Ich blieb wütend und traurig zugleich zurück und hoffte, er würde gleich wiederkommen. Hatte ich zu viel gesagt? War ich zu aufbrausend gewesen, hatte ich ihn mit meinen Worten zu sehr verärgert? Natürlich suchte ich die Schuld bei mir, wenn es aber um Joel ging, konnte ich nie zu weit gehen. Ich musste ihn beschützen, das spürte ich klar und deutlich.

Gleichzeitig war ich traurig, als Steffen weg war. Ich hoffte, er würde gleich wiederkommen, wenn er sich beruhigt hatte, aber einige Stunden und unzählige erfolglose Anrufe später kam nur die Nachricht: »Es ist aus. Es klappt nicht mehr.«

Wieder versuchte ich gefühlte tausende Male, ihn zu erreichen, ohne Erfolg. Ich stand wieder da und war allein, allein gelassen von einem Mann, den ich liebte.

Natürlich blieb diese Szene auch vor Joel nicht verborgen. Er kam zu mir, tröstete mich und wollte mir zur Ablenkung zeigen, was er vorbereitet hatte.

Mit Tränen in den Augen setzte ich mich zu ihm auf den Teppichboden, und wir spielten einige Zeit, bis wir beide so müde waren, dass uns fast die Augen zufielen. Wir legten uns gemeinsam ins Bett und schliefen Arm in Arm ein.

Einige Tage später, mir ging es immer noch nicht sonderlich gut, hörte ich, wie sich ein Schlüssel im Türschloss drehte. Es war Vormittag, Joel war im Kindergarten. Sofort durchfuhr mich ein Kribbeln am ganzen Körper. Ich eilte schnell in den Flur, und da stand Steffen schon vor mir. Ich fiel ihm um den Hals und flüsterte unter Tränen: »Gott, bin ich froh, dass du wieder da bist, ich habe dich so vermisst. Ich dachte, du kommst nie wieder!«

Während wir uns küssten, sagte er: »Ich liebe dich, Judith, ich kann nicht ohne dich!«

Wir konnten uns nicht mehr voneinander lösen und stolperten eng umschlungen Richtung Schlafzimmer, wo wir unsere Wiedervereinigung im Bett besiegelten.

Solche Streitereien und gleichzeitig eine so starke sexuelle Anziehung hatte ich bisher noch bei keinem Mann verspürt. Zwischen Steffen und mir war es einfach etwas Besonderes, egal in welcher Hinsicht.

Solche Trennungen wie diese hatten wir noch einige Male, doch wir fanden immer wieder zusammen und lernten uns weiter kennen und lieben.

Wir waren gerade zwei Jahre zusammen, da beschloss Steffen, eine Firma zu gründen. Er war bei einer Firma als Ingenieur angestellt, was ihm jedoch immer zu wenig gewesen war. Er wusste, er konnte mehr erreichen. Er war ein typischer Macher-Typ. Aus dem Nichts zog er seine eigene Firma hoch, doch es war ein langer, steiniger Weg, bis es so weit war. Ich verdiente nicht sehr viel zu dieser Zeit, versuchte aber, ihn so gut ich konnte zu unterstützen und gab ihm ungefähr 2.000 Euro, die ich angespart hatte. Er musste jeden Cent zusammenkratzen, denn es fehlte an Eigenkapital. Er steckte alles, was er besaß, in den Aufbau dieser Firma. Wir überzogen beide unser Konto, soweit es nur möglich war.

Irgendwann hatten sich all die Arbeit und die Investitionen jedoch gelohnt, und 2003 war es endlich soweit, seine Firma war geboren. Diese Firma war wie sein Baby. Er kümmerte sich Tag und Nacht um alles, was anfiel. 2004 stieg ich in die Firma ein und unterstütze ihn, wo ich nur konnte. Anfangs pendelte ich noch von meinem Wohnort Offenburg nach Karlsruhe in seine Firma, bis wir 2005 beschlossen zusammenzuziehen.

Eine eigene Firma zu haben bedeutet viel Arbeit. Es war nicht immer leicht, das Berufliche vom Privaten zu trennen, vor allem, weil ich auch in der Firma tätig war. So beanspruchte uns das Geschäftsleben immer wieder und zog viele private Streitereien mit sich.

Wir versuchten, diese Anstrengungen, so gut es ging, auszugleichen, und lebten, als die Firma gut genug lief, unseren eigenen Traum.

Wir bauten uns einen gemeinsamen Freundeskreis auf und taten genau die Dinge, die wir uns immer für unsere gemeinsame Zukunft vorgestellt hatten. Wir brachen auf zu langen Motorrad- oder Bootstouren, reisten in Länder, von denen wir früher nur träumen konnten. Wir waren auf Gran Canaria, auf den Malediven und in Ägypten. Wir machten Urlaub in Österreich und der Schweiz und lernten die verschiedensten Kulturen kennen.

Mit unseren Freunden gingen wir gemeinsam in Bars, veranstalteten Karaoke-Abende oder saßen einfach nur gesellig beisammen.

Unsere vielen gemeinsamen Reisen und Unternehmungen stärkten unsere Beziehung immens, und unser
Humor verband uns immer mehr, doch den Spagat zwischen Aufrechterhaltung und Ausbau der Firma und
gleichzeitig unsere Beziehung zu pflegen, schafften wir
nicht immer.

Die Firma wurde nach und nach erfolgreicher, wir
hatten keine Geldsorgen mehr und konnten uns vieles
leisten, was wir früher nicht zu glauben gewagt hätten.
Die 2.000 Euro, die ich damals in das Unternehmen gesteckt hatte, bekam ich mehrfach wieder zurück und
wurde auch für meine Tätigkeit überdurchschnittlich
entlohnt.

Früher dachte ich, es sei alles besser, wenn man nur
Geld hatte. Heute bin ich zu der Erkenntnis gekommen, dass dem nicht so ist, denn Geld allein macht
nicht glücklich. Es steckt viel Arbeit hinter all dem
Geld, schwere Arbeit. Viele andere Dinge im Leben wie
Partnerschaft oder Kinder und Familie kommen zu
kurz, denn auch wenn man sich noch so sehr anstrengt,
diese Gratwanderung kann man nicht immer perfekt
ausbalancieren, das wurde mir immer wieder bewusst
gemacht, und das schon in den ersten Jahren.

Mein neues Leben mit Steffen, das nun schon einige
Jahre anhielt und sich immer mehr festigte, war deshalb ein ständiges Hin und Her, wie eine Achterbahn
der Gefühle. Vom größten Glück zum nächsten Tiefschlag in kurzer Zeit. Trotzdem hielten wir am Ende

zusammen und meisterten unser gemeinsames Leben samt Firma und zwei Kindern, bei deren Erziehung wir regelmäßig unterschiedlicher Meinung waren.

Im Jahr 2009 sollte es für uns alle noch ein besonderes Ereignis geben.

An einem Tag, den wir ausnahmsweise in Zweisamkeit zu Hause verbracht hatten, aßen wir gemeinsam zu Abend bei Kerzenschein und köstlichem Essen. Wir hatten traumhaft schöne Stunden, und als wir fertig waren und den Abend mit einem Glas Wein ausklingen ließen, blickte mich Steffen mit leuchtenden Augen an und fragte mich: »Judith, ich liebe dich über alles. Wir stehen alles zusammen durch, wir sind füreinander geschaffen und füreinander da, es ist einfach etwas Besonderes. Willst du meine Frau werden?«

Ich brach sofort in Tränen aus und brachte kein Wort mehr heraus. Ich strahlte über das ganze Gesicht und war die glücklichste Frau der Welt. Unter Tränen nickte ich ihm zu und fiel ihm um den Hals. Danach hatten wir den besten Sex unseres Lebens und schliefen Arm in Arm ein.

Dieser Mann war für mich von Anfang an etwas Besonderes, er langweilte mich nicht wie alle anderen vor ihm. Ich liebte ihn jeden Tag mehr und konnte von ihm nie genug bekommen, auch nach vielen Jahren. Ich spürte, dass er der Richtige für mich war.

So besonders, wie wir waren, so besonders wurde auch unsere Hochzeit. Wir flogen nach Las Vegas und heirateten dort. Die Hochzeit spiegelte uns als Paar wider. Es war die schönste Hochzeit meines Lebens, nicht zu vergleichen mit denen davor.

Es war der richtige Mann, der richtige Ort und die richtige Zeit. Es war einfach perfekt.

Danach blieben wir noch weitere 16 Tage in Amerika, genossen unsere Zeit und freuten uns jedes Mal, wenn wir unsere Hände mit den Ringen ansahen. Ich konnte nicht aufhören zu schmunzeln, denn ich hieß jetzt wie die Liebe meines Lebens, und die Ringe verdeutlichten unsere tiefe Verbundenheit, trotz oder gerade wegen dieser oft auch schwierigen Phasen, die wir gemeinsam durchstanden.

Ein Jahr nach unserer Hochzeit, es war das Jahr 2010, starb mein Vater. Für mich war es offen gestanden nicht so schlimm, wie man es erwarten würde, wenn der eigene Vater stirbt, doch wir hatten nie eine Bindung. Seit meiner Geburt hatten wir kaum Kontakt, und er war nie ein wirklicher Vater für mich gewesen. Also war es für mich auch nicht weiter schlimm, als er von uns ging. Mit meiner Schwester hatte ich zu dieser Zeit noch ab und an etwas zu tun, aber auch mit ihr war der Kontakt eher schlecht als recht. Sie meldete sich nur, wenn sie etwas brauchte, und fragte nach Geld, wenn sie schlechte Zeiten hatte.

Als mein Vater verstarb, war ich an einem Tag unter der Woche zu Hause und erledigte dort verschiedenes. Da rief mein Mann mich von der Firma aus an und sagte am Telefon: »Du wirst nicht glauben, wer gerade hier war.«

»Wer denn?«, fragte ich gespannt.

Schmunzelnd antwortete er: »Deine Schwester Petra mit ihrem Sohn.«

Da erkundigte ich mich erstaunt: »Und was wollte sie?«

»Na, sie übergab mir eine Beileidskarte für deinen Vater und gleichzeitig Geburtstagswünsche. Dann fing sie plötzlich an, über dich zu schimpfen, weil du dich um nichts kümmerst. Weder um sie noch um etwas anderes. Das habe ich mir aber gar nicht weiter angehört und habe die beiden rausgeschmissen. Da habe ich deutlich Besseres zu tun, als mir so etwas anzuhören.«

Da wurde ich schon wieder ein wenig wütend und auch lauter: »Das kann doch nicht wahr sein. Ich bin immer zu ihr gekommen, und wenn sie sich einmal meldete, wollte sie immer nur Geld und irgendwelche Dinge von uns. Sie weiß genau, dass ich mit meinem Vater nichts zu tun hatte, und dann bringt sie eine Beileidskarte? Nichts als ein Vorwand. Und auf die Geburtstagswünsche kann ich auch verzichten. Danke, Steffen, fürs Bescheid sagen. Ach, und dass du sie rausgeschmissen hast, war völlig richtig!«

Ich legte auf und musste mich noch einige Zeit darüber aufregen, wie Petra einfach in der Firma auftauchen konnte und meinte, in meiner Abwesenheit bei meinem Mann über mich herziehen zu können. Das war für mich der Tropfen, der das Fass zum Überlaufen brachte. Seit diesem Tag wollte ich keinen Kontakt mehr zu ihr, und ich ignorierte konsequent jeglichen Versuch ihrerseits. So eine Person brauchte ich nicht mehr in meinem Leben, davon hatte ich genug!

Vermutlich kam sie nicht damit zurecht, zu welch starker Person ich geworden war. Früher, als wir noch jünger waren, war es genau umgekehrt. Sie hatte alle Aufmerksamkeit auf sich gezogen und mich immer in den Schatten gestellt. Doch meine Persönlichkeit und mein Charakter waren gewachsen, sie waren stärker geworden. Vor allem durch die gemeinsamen Jahre mit Steffen war ich selbstbewusster geworden und wusste, mich zur Wehr zu setzen. Ich ließ mir nichts mehr gefallen, auch nicht von meiner Schwester Petra. Ich hatte sie um Längen überholt mit meinem Selbstbewusstsein und meiner Fähigkeit, durchs Leben zu gehen. Auch für mich war das kein einfacher Weg gewesen, nein, ich musste viel an mir selbst arbeiten, musste durch viele Tiefen hindurch, um mich selbst und mein Innerstes zu stärken und mein Leben – das gegenwärtige und das vergangene – zu akzeptieren. Doch es gab immer etwas zu verbessern, und ich lernte jeden Tag wieder etwas über mich und das Leben.

So wuchs in mir das Verlangen, meine Vergangenheit aufzuarbeiten, sie aus meiner heutigen Sicht, mit meinem jetzigen Wissen zu beleuchten, um sie vielleicht besser zu verstehen und aufarbeiten zu können. Möglicherweise hatte es etwas mit dem Tod meines Vaters oder dem Kontaktabbruch mit meiner Schwester zu tun, dass mich die Vergangenheit immer wieder einholte und ich immer öfter darüber nachdachte. Vielleicht waren es aber auch die Differenzen in der Partnerschaft, die mich zum Nachdenken brachten. Ich wusste nur, ich wollte etwas verändern, ich wollte Ballast abwerfen, den ich offensichtlich noch mit mir herumtrug.

Ich fing an, mir selbst Notizen zu machen über Dinge, an die ich mich aus meiner Kindheit noch erinnern konnte. Ich schrieb regelmäßig kleine Episoden, konnte meine Aufzeichnungen aber nie richtig ordnen, denn meine Kindheitserinnerungen waren lückenhaft, und diese Lücken konnte ich selbst nicht füllen. Da überkam mich plötzlich ein Gedanke, ja es war fast wie eine Offenbarung: Ich wollte mit Helmut, meinem damaligen Pflegevater, Kontakt aufnehmen. Ich recherchierte stundenlang im Internet, bis ich endlich eine Adresse fand. Ich erzählte Steffen von meiner Idee, und er war einverstanden, fand es sogar gut, dass ich das alles bereinigen wollte.

Ich beschloss also, selbst zu Helmut zu fahren, und machte mich im Dezember 2010 auf den Weg. Dort stand ich vor der Haustür und klingelte, doch offenbar war niemand zu Hause. Erst war ich ein wenig enttäuscht, denn ich hatte mir in meiner Fantasie schon all die Antworten auf meine Fragen vorgestellt, was jetzt vor der verschlossenen Tür wieder wie eine Seifenblase zerplatzte. Nach diesem Tag verließ mich wieder der Mut. Der Versuch, den Kontakt zu ihm aufzunehmen, war wieder auf Eis gelegt, und ich schob ihn vor mir her, obwohl ich immer noch das starke Bedürfnis danach hatte. Ich hatte noch zu viele Fragen an ihn.

Es dauerte zwei Jahre, bis ich wieder meinen ganzen Mut zusammennahm und ihm einen Brief schrieb. Es war der 16. Februar 2012. Ich schickte den Brief ab, und das Warten auf die Antwort begann. Würde er zurückschreiben? Oder würde er mich einfach ignorieren oder wäre sogar sauer? Ich hatte viele Fragen im Kopf und war sehr aufgeregt und gleichzeitig gespannt auf die Reaktion meines ehemaligen Pflegevaters.

Einige Tage später bekam ich einen Anruf. Ich nahm den Hörer ab, und am anderen Ende meldete sich ein Mann: »Hallo, Judith, hier ist Helmut. Ich habe deinen Brief erhalten und dachte, ich ruf dich gleich an. Du hast sicher viele Fragen.«

Zuerst überkam mich ein Kribbeln im ganzen Körper. Zwar hatte ich meine Nummer mitgeschickt, war aber trotzdem überrascht, und mein Herz klopfte bis zum Hals.

Er hatte sich also gemeldet und wollte mir bei der Aufklärung meiner Vergangenheit helfen.

Es folgten viele E-Mails, in denen sich schon bald herausstellte, dass mein ehemaliger Pflegevater, Herr Weber, sehr mit den Erinnerungen aus den Jahren mit mir zu kämpfen hatte, besser gesagt, mit seinem damaligen Verhalten auch mir gegenüber. Er war Lehrer gewesen und nannte sein Versagen in diesen Jahren mit mir sein absolutes Scheitern als Pädagoge.

In einer seiner E-Mails verglich er sogar Auschwitz mit seinem Versagen als Pflegevater. Was sollte Auschwitz mit seinem Versagen als Pflegevater zu tun haben?

Er beschrieb diesen Vergleich wie folgt: Er hätte aufstehen müssen und Widerstand leisten müssen, wo Unrecht geschah, er hätte sozusagen Zivilcourage zeigen müssen, wo sie vonnöten war, und dem Bösen, in diesem Falle der Pflegemutter, die Stirn bieten, aufstehen, sich aufrichten, und deutlich NEIN sagen müssen.

Doch wie auch die Frontsoldaten damals im Krieg nur ihre Pflicht taten, ihre Befehle befolgten und daraufhin die armen Menschen vergasten, quälten, peinigten oder hinrichteten, so folgte er dem Wunsch, dem Drängen seiner Frau und unterstützte sie, wenn auch nur widerwillig. Aber dennoch, in ihren Erniedrigungen gegen mich, ihrem Trachten nach Bestrafungen und in ihrer offensichtlichen Verachtung meines Geschöpfs hatte er sie unterstützt, obwohl ich ihnen als junges Mädchen hilflos ausgeliefert war.

Am übelsten und verwerflichsten beschrieb er sein Billigen und Dulden, sein passives Mitmachen, seine

Mitwisserschaft an den Erniedrigungen, wie sie sich beispielsweise in den Fotografien von mir, nackt auf dem Bett, niedergeschlagen hatten. Hier wollte meine Pflegemutter Monika mein hässliches Aussehen dokumentieren, um es mir immer wieder zu zeigen.

Weiter schrieb Helmut, es erfüllte ihn mit Dankbarkeit, dass ein durch ihn »geknechteter« Mensch die Kraft aufgebracht hatte, seine Vergangenheit aufzuarbeiten, sich all dem zuzuwenden und ihn dabei nicht zu vergessen. Er wünschte sich, dass ich ihm verzeihen konnte.

Er schrieb, es sei ein Wunder, dass trotz all dieser Widrigkeiten aus mir eine so starke, selbstbewusste und zielstrebige Frau wurde. Dass ich mit viel Willen und Ehrgeiz die Schule und den Beruf erfolgreich gemeistert hatte, mit großer Hingabe meinen Pflichten als Mutter nachkam und zusätzlich meinem Ehemann Steffen privat und beruflich eine wertvolle, starke Stütze und liebevolle Lebensgefährtin war.

Diese Worte von meinem ehemaligen Pflegevater berührten mich sehr. Ich konnte seine Worte durchaus nachvollziehen, sah jedoch das Ganze in einem etwas anderen Licht. Mit einer erneuten E-Mail antwortete ich ihm auf seine gegen sich selbst gerichteten vernichtenden Worte und schilderte ihm so meine Sicht der Dinge.

Ich schrieb ihm, dass ich mir damals wie ein Wanderkind vorgekommen war. Ich wurde von einem Ort zum anderen geschickt, doch richtig zu Hause war ich nie.

Ich hatte Gutes und Böses erlebt, alles eingesteckt und gespeichert.

Am schlimmsten aber waren für mich, und das betonte ich ausdrücklich, die Liebschaften meiner Mutter, die mit Gewalt, Demütigung und Hass einhergingen, sodass ich viele unbeschreibliche Ängste durchleben musste. Ich sagte ihm, dass es in meinem Leben viel Schlimmeres gab als die Jahre bei ihnen, vor allem aber hatte ich ihn stets gemocht, und er war im Vergleich zu Monika der verständnisvolle »Papa« für mich.

Seine Schuldgefühle waren aus meiner Sicht nicht gerechtfertigt, denn egal, welche Erinnerungen seinerseits noch zum Vorschein kommen mochten, ich hatte keine schlechten Erinnerungen an ihn. Jeder Mensch macht Fehler im Laufe seines Lebens, und sie sind dazu da, um daraus zu lernen.

Helmut ist mir immer im Gedächtnis geblieben, denn er hat nie diese Bösartigkeit gelebt. Er war gefesselt und konnte sich nicht von seiner Frau befreien. Sie war stärker und manipulierte ihn, das spürte ich schon als Kind.

Frauen verstehen ihr Handwerk, die Männer zu züchtigen. Ich weiß, wovon ich spreche, deshalb habe ich heute auch einen Mann, der mir die Stirn bieten kann.

Helmut war mir gegenüber immer menschlich gewesen, sonst hätte ich nie versucht, ihn ausfindig zu machen. Und mein Herzenswunsch war hier ein bisschen Frieden für ihn, damit er seine Schuldgefühle endgültig ablegen konnte, denn in diesem Spiel trugen andere die Schuld.

Es folgten noch viele weitere E-Mails, und einige Zeit nach unserem ersten Telefonat besuchte ich meinen ehemaligen Pflegevater und seine neue Lebensgefährtin. Wir hatten ein langes, tiefgehendes Gespräch und konnten nahezu alle Fragen, die auf beiden Seiten noch offen waren, klären.

Der E-Mail-Kontakt blieb noch einige Zeit bestehen, doch vermutlich waren irgendwann alle für mich wichtigen Dinge geklärt, und der Kontakt schlief wieder ein. Helmut schickte noch einige Male Karten und Briefe per Post, vor allem zum Geburtstag, ich antwortete nicht mehr, und irgendwann brach der Kontakt ganz ab.

Ich hielt die Sache für abgeschlossen, es war alles ausgesprochen, was mich belastete und bedrückte, und meine Wunden der Kindheit schlossen sich langsam. Es war ein weiterer Meilenstein, der mir bei meiner seelischen Heilung half, und dafür war ich dankbar.

Mein alltägliches Leben ging natürlich auch weiter, es pausierte in der Zwischenzeit nicht. Mein Sohn Joel war mittlerweile ausgezogen. Ich unterstützte ihn, eine Wohnung zu finden, und half ihm, wo ich nur konnte. Die Situation zu Hause mit Steffen und ihm war untragbar geworden, und ich hoffte, wir könnten das Geschehen so ein wenig entzerren.

Doch unsere Ehe war nach wie vor eine Achterbahn der Gefühle. Hin und wieder kam es vor, dass ich für einige Tage oder Wochen bei meinen Freunden war oder nach Spanien flog und wir keinen Kontakt hatten, weder telefonisch noch persönlich. Ich brauchte diese Zeit, um mich zu sammeln und wieder stark in das Leben starten zu können, was uns beiden auch guttat.

Es war das Jahr 2014, als uns eine erneute Hiobsbotschaft erreichte. Zuerst sah es so aus, als hätte Steffen nur einen normalen Pickel am Schienbein, der jedoch sehr rasch immer größer wurde. Der Hausarzt sah sich die Wunde an und versorgte sie, was leider nicht den erhofften Erfolg brachte. Der erst so kleine Pickel wurde größer und größer, bis er irgendwann zu einer wüst aussehenden offenen Fleischwunde wurde. Mein Mann Steffen wollte nie zum Arzt oder in ein Krankenhaus, doch in diesem Fall hatte er keine andere Wahl. Dort stellten die Ärzte eine Autoimmunerkrankung fest, weshalb diese Wunde am Schienbein auch nicht von allein wieder heilte. Diese Zellen fraßen sich durch diese Erkrankung regelrecht in das Schienbein hinein.

Im Krankenhaus konnte mein Mann gut behandelt werden und das auch endlich mit Erfolg. In dieser Zeit musste ich all seine Aufgaben in der Firma übernehmen, hatte also täglich die doppelte Belastung, musste mich um die Firma kümmern und täglich zu meinem Mann ins Krankenhaus fahren, um ihm Bericht zu erstatten. Natürlich war es für Steffen auch nicht einfach, tatenlos im Bett zu liegen und seinen geschäftlichen

Aufgaben nicht nachkommen zu können. Das war er so nicht gewohnt, denn er war immer schon ein Arbeitstier.

Diese drei Wochen taten der Firma noch keinen Schaden, doch Steffen musste sich umstellen, denn natürlich war er nach dem Krankenhausaufenthalt noch nicht sofort wieder voll belastbar. Das hieß für ihn, er konnte jetzt nicht mehr wie gewohnt zwölf Stunden täglich arbeiten, sondern nur für einige Stunden in der Firma bleiben, und erledigte den Rest, so gut er konnte, von zu Hause aus.

Für mich waren diese wenigen Wochen jedoch so kräftezehrend, dass ich dringend eine Auszeit brauchte. Ich beschloss also, für eine Woche mit meiner Freundin nach Spanien zu fliegen, um den Stress hinter mir zu lassen und wieder zu Kräften zu kommen. Ich genoss die Woche voller Ruhe und kümmerte mich ausschließlich um mich selbst, was auch absolut nötig war.

Diese Woche Pause tat uns beiden, Steffen und auch mir, sichtlich gut, und wir konnten wieder voll durchstarten. Die Zeit verging wie im Fluge, denn die Firma wurde größer und wir hatten immer mehr Arbeit. Was im Gegenzug allerdings auch hieß, dass wir die wenige Freizeit, die wir hatten, sehr genossen. Steffen hatte nach wie vor diese Autoimmunkrankheit, doch durch Spritzen, die er im zweiwöchentlichen Takt bekam, hatten wir die Krankheit gut im Griff.

Trotzdem sagte Steffen eines Tages: »Wir müssen uns Gedanken über die Firma machen. Ich bin krank, und wir haben keinen Nachfolger, der alles übernehmen möchte. Ich denke, es ist das Beste, wenn wir sie verkaufen.«

Ich fragte zögerlich: »Bist du dir da sicher, Steffen?«

»Ja, Judith, auch wenn es mir schwerfällt, es gibt keine andere Möglichkeit«, antwortete er schon etwas bedrückt.

Gesagt, getan. Er nahm also den Verkauf der Firma in Angriff. Es gab viele Dinge zu regeln, und es dauerte einige Zeit, bis es so weit war. Es war das Jahr 2018, also vier Jahre nach dem Beginn seiner Krankheit, als Steffen endlich einen Käufer gefunden hatte und die Firma endgültig in andere Hände übergab.

Es war nie einfach für ihn. Er hatte diese Firma aus dem Boden gestampft, alles selbst aufgebaut, und nun sollte ein fremder Mensch sich einfach in das gemachte Nest setzen.

Doch ganz so einfach war es nicht, was umso schlimmer für Steffen war. Schon kurze Zeit nach der Übernahme hörten wir, dass in der Firma nichts mehr rund lief. Mitarbeiter kündigten oder wurden gar gekündigt, das neue Konzept funktionierte überhaupt nicht, und es ging weiter bergab, was Steffen zwar in der Seele schmerzte, doch er konnte nichts mehr dagegen unternehmen, dafür war es zu spät.

Also beschloss er, sein Leben zu genießen, so gut er konnte. Sein größter Traum war es, mit dem Boot die Welt zu bereisen. Dafür war wegen der Firma nie die Zeit gewesen, und er hatte seinen großen Traum beiseitegeschoben. Nach dem Verkauf erkannte er die Gelegenheit und packte sie beim Schopf. Also hatte der Verkauf der Firma auch seine guten Seiten.

Wir machten uns auf zu einer großen abenteuerlichen Reise mit unserem Boot. Wir fuhren auf die Balearen und anschließend fuhren wir die Kanarischen Inseln ab. Wir verbrachten insgesamt fünf Monate fast ausschließlich auf dem Boot, was einerseits eine wahnsinnig aufregende Erfahrung war, aber andererseits merkte ich in dieser Zeit, dass ich dafür nicht gemacht war. Eine so lange Zeit nur auf dem Boot zu verbringen, wurde mir schon bald zu viel. Es ging sogar so weit, dass ich nach dieser Tour einige Zeit gar nicht mehr aufs Boot wollte, was mir Steffen sehr übelnahm, weil es eine seiner größten Leidenschaften war. In diesen fünf Monaten vermisste ich einfach mein eigenes Zuhause, meinen Sohn und unsere Freunde.

Wir bekamen immer wieder zu spüren, dass das schwer verdiente Geld, auch nach dem Verkauf der Firma, uns nicht glücklich machte. Steffen und ich hatten viele Streitereien und Trennungen schon während unseres Lebens als Geschäftsleute gehabt. Diese Zeit setzte unserer Beziehung mehr und mehr zu, und wir waren irgendwann beide so ausgelaugt, dass es vor einiger Zeit zu einer längeren Trennungsphase kam, in der die Zukunft nicht gewiss war.

Wir brauchten eine Pause, mussten beide über uns und unser Verhalten nachdenken. Uns musste klar werden, was uns im Leben und in der Partnerschaft wichtig ist und wie unser Lebensweg weitergeht. Getrennt? Oder zu zweit?

Es folgten einige Wochen voller Ungewissheit, voller Ängste vor der Zukunft, Schwelgen in der Vergangenheit und Arbeiten an der eigenen Einstellung. Es gab unzählige Aussprachen, in denen wir alles ansprachen, was uns störte und unserem Gegenüber unsere Vorstellungen von Partnerschaft unterbreiteten.

Nach all diesen Höhen und Tiefen, nach Trennungen und Wiedervereinigungen sind wir heute an einem Punkt angelangt, an dem uns klar geworden ist, dass unsere Liebe alles überstehen kann. Diese tiefe Liebe hat letztendlich gesiegt, und heute genießen wir unser wunderschönes freies Leben in vollen Zügen.

Wegen meiner sehr schwierigen traumatischen Kindheit bin ich ein Mensch, der immer alles gibt, für Menschen, die er liebt. Als Kind wurde ich umhergeschubst, wurde verlassen und hatte nie eine stabile, liebevolle Bindung zu den wichtigsten Menschen in meinem damaligen Leben. Die Angst, wieder verlassen zu werden, wieder verletzt oder abgelehnt zu werden, wollte nicht weichen.

Umso glücklicher und dankbarer bin ich heute für meinen Mann Steffen, für die tiefe Liebe, die er mir nach all den turbulenten und wunderschönen Jahren entgegenbringt. Nach 22 gemeinsamen Jahren liebe ich ihn immer noch jeden Tag mehr und bin froh darüber, dass wir trotz all der Machtkämpfe und Wirbelstürme, die es in unserem gemeinsamen Leben gab, immer wieder unsere Liebe zueinander gefunden haben, die zweifelsohne die stärkste ist, die ich jemals verspürt habe.

An dieser Stelle möchte ich Danke sagen, danke Steffen, dass du mir geholfen hast, der Mensch zu werden, der ich heute bin. Du hast mich gestärkt und immer wieder aufgefangen in all den Jahren.

Trotz meiner schwer zu ertragenden Kindheit hat sich mein Leben zum Guten gewandelt. Von dem Kind, das hineingeboren wurde in eine Welt voller Gewalt, Alkohol und Unterdrückung. In eine Welt voller Angst, Verlust und Schmerz. Ein Kind, das eine unverbesserliche, egoistische Frau als Mutter hatte und als Vater einen Alkoholiker, der sich immer mehr zugrunde richtete, bis zu seinem Tod. Ein Leben in einer Pflegefamilie, in der es nicht besser war als zu Hause, wo die Erniedrigungen, Demütigungen und seelischen Misshandlungen weitergingen. Von dort aus ging es zurück zur Mutter, bei der ich meine restliche Jugendzeit verbrachte, die erst nach dem Tod des Mannes, der mich so sehr prägte, besser wurde. Bis ich irgendwann erwachsen wurde, einen wunderbaren Sohn bekam und auf der Suche nach Liebe irgendwann den Richtigen fand, mit dem ich mein Leben bis heute verbringe.

Dies ist meine Geschichte, ich will sie nicht verleugnen oder vergessen, denn sie hat mich zu der starken Frau gemacht, die ich heute bin! Entgegen allen Erwartungen geht es mir heute gut, finanziell, und auch, was für mich am wichtigsten erscheint, seelisch. Ich bin eine lebenslustige, fröhliche Frau und sowohl spirituell offen als auch kreativ und fantasievoll! Meine Vergangenheit hat meinen Charakter geformt und mich zu dem gemacht, was ich heute bin!

Ich habe sie Schritt für Schritt aufgearbeitet, ich verspürte den Drang, dieses Kapitel zu schließen und wurde, je mehr ich mich damit beschäftigte, mit jedem Schritt freier und gelöster. Mit der Niederschrift dieses Buches kann ich meine Vergangenheit endgültig ruhen lassen, und wenn ich möchte, aber nur, wenn ich es aus tiefstem Herzen möchte, schlage ich sie noch einmal auf und erinnere mich zurück.

Ich will kein Mitleid und ich leide nicht!

Alles, was geschieht, hat seinen Sinn, auch wenn wir in diesem Moment denken, wir schaffen es nicht mehr. Wir fragen uns oft: Wozu das alles? Oft erkennen wir erst viel später, wieso es genau dieser Lebensweg sein musste. Ich möchte anderen Mut machen, ihnen helfen, wieder in die Bahn zu kommen, denn es ist möglich, aus dem tiefsten Loch wieder herauszukommen, wir müssen nur wissen, wie wir damit umgehen, ja, wie wir uns nach einem Tiefschlag wieder aufrichten! Mein Leben war durchzogen von tiefen Tälern und hohen Bergspitzen, immer wieder war ich hoch oben und fiel so oft, doch ich ließ mich nie entmutigen, ging weiter und kam jedes Mal stärker zurück als zuvor!

Es kommt nur darauf an, was du bist –
Bist du Schatten oder Licht?

Nun komme ich zu meinem geliebten Sohn Joel. Dir widme ich dieses Buch. Jede Mutter weiß, dass die Liebe zu einem Kind die stärkste Liebe ist, die ein Mensch nur fühlen kann. Für dich habe ich alles gegeben, denn ich wollte nie, dass du so schreckliche Dinge durchleben musst, wie ich es musste. Ich hoffe, ich konnte dir alles mit auf deinen Lebensweg geben, was wichtig ist, damit du ein gutes, erfülltes und glückliches Leben führen kannst. Schätze das wert, was du hast, denn dein Leben ist wundervoll genauso, wie es ist!

Auch nach meinem Tod werde ich über dich wachen und dir Kraft geben. Joel, ich werde immer bei dir sein, in guten und in schlechten Zeiten, auch wenn du mich nicht siehst, bin ich für immer in deinem Herzen.

Ich liebe dich, mein Sohn!